Aprenda Bitcoin

Torne-se financeiramente soberano

Anita Posch

Aprenda Bitcoin

Torne-se financeiramente soberano

Anita Posch

1ª edição, 15 de Outubro 2022

Autora: Anita Posch

Editora: PoshMedia e.U., Seilerstaette 24, 4. Stock, 1010 Wien, Áustria

A edição original em inglês foi publicada em junho de 2021 sob o título (L)earn Bitcoin - Become Financially Sovryn

Tradução e revisão em português: Caroline Souza

Editor: Mark Kersley

Você pode compartilhar partes do livro em artigos de mídia, em seu site pessoal, em um artigo comercial ou postagem de blog (por exemplo, Medium) e/ou em uma conta pessoal de mídia social, desde que inclua a atribuição a "Anita Posch " e link de volta para a URL https://anitaposch.com. Você não tem permissão para copiar o conteúdo do livro e vendê-lo em qualquer formato.

ISBN (pb): 978-3-9505043-4-7

ISBN (e-book): 978-3-9505043-3-0

Obtenha informações atuais sobre o livro online em https://learnbitcoin.link/pt/

© 2022 Anita Posch

Conteúdo

Reconhecimento

"Anita Posch é uma das vozes alemãs mais produtivas e perspicazes sobre o Bitcoin. Seu trabalho torna o Bitcoin acessível, compreensível e atraente para aqueles que são novos no Bitcoin e os ajuda em sua jornada para se tornarem especialistas. Em um ambiente repleto de barulho, seu trabalho é claro e honesto."
Andreas M. Antonopoulos, autor de "Mastering Bitcoin" e "The Internet of Money"

"Anita tem feito um tremendo trabalho na comunidade Bitcoin, especialmente o conteúdo que ela produziu sobre o uso do Bitcoin em regiões menos privilegiadas do mundo. Seu livro é uma introdução concisa e acessível ao Bitcoin que abrange todos os principais tópicos para alguém para começar."
Lyn Alden, Estrategista de Investimentos

"'O que é Bitcoin?' Para começar a responder a essa pergunta, é preciso primeiro perguntar 'o que é dinheiro?' Anita leva o leitor por essa jornada de aprendizado sobre dinheiro para que possa entender por que o Bitcoin é o próximo salto em tecnologia financeira. Então há a questão de 'como?' Com grande soberania vem uma grande responsabilidade; para navegar com segurança neste novo sistema, você precisará do conhecimento e das ferramentas que este livro oferece."
Jameson Lopp, cofundador e CTO, Casa

"Anita é uma das mais proeminentes educadoras de Bitcoin, demonstrando uma amplitude incomparável de interesse e curiosidade. Seu livro é um resumo adequado de seu trabalho incansável e representa uma contribuição inestimável para o crescente e rico corpo de conhecimento em torno do Bitcoin."
Nic Carter, Sócio, Castle Island Ventures

"Anita destilou o que a maioria dos Bitcoiners levou anos para aprender (inclusive eu) em algumas horas de leitura. A organização magistral e o fluxo de uma área de assunto para outra realmente fazem o Bitcoin parecer simples de explicar. É difícil acreditar como ela consegue abranger a amplitude do Bitcoin em tão poucas páginas. Anita dissipa com facilidade as críticas mal informadas no ocidente de que o Bitcoin é uma solução em busca de um problema. Ela dá vários exemplos claros e compreensíveis de como o Bitcoin melhora a vida daqueles que foram excluídos e/ou escravizados pelo sistema financeiro atual. Este livro é uma leitura obrigatória para funcionários do governo e organizações sem fins lucrativos que querem realmente entender por que projetos como o Bitcoin Beach podem trazer empoderamento econômico em vez da dependência econômica que geralmente é resultado do dinhero fiat."
Michael Peterson, Bitcoin Beach, El Salvador

"Os melhores professores são alunos. Desde o primeiro dia em que Anita apareceu no meu radar, ela tem sido uma pesquisadora curiosa, perspicaz e promotora da tecnologia revolucionária do Bitcoin. Separando o trigo do joio, ela escreve com a simplicidade, clareza e precisão necessárias para um tópico complexo que exige experiência em várias disciplinas. A Sovryn tem orgulho de patrocinar a publicação de Aprenda Bitcoin como parte de nossa missão de tornar o Bitcoin imparável."
Exiledsurfer, fundador, Parallele Polis, líder de comunicação da SovrynBTC

"Não é uma tarefa simples explicar o Bitcoin, o novo elefante na sala das finanças. Como cegos, especialistas muitas vezes limitam sua descrição a um campo estreito de especialização. O ângulo de ataque de Anita é holístico, sintético e claro. Traz um novo olhar para o 'dinheiro do povo'."
Thomas Voegtlin, Fundador e CEO, Electrum

"Foi ótimo ver a jornada da Anita nos últimos anos, falando e aprendendo com os melhores do setor em todo o mundo, e tornando Bitcoin acessível para iniciantes. Uma das educadoras mais comprimetidas do setor e uma ótima pessoa para aprender!"
Hass McCook, Engenheiro e Evangelista Bitcoin

"Anita Posch é uma das vozes inspiradoras na esfera do Bitcoin. Sua abordagem inclusiva e estilo de escrita envolvente oferecerão um começo fácil para novatos, bem como para Bitcoiners experientes e cripto-folks. Ótima leitura para qualquer pessoa interessada em todas as coisas cripto."
Jukka Blomberg, Diretor de Marketing, LocalBitcoins

"Hoje, comprar bitcoin é mais fácil do que nunca. Armazenar seu próprio bitcoin a longo prazo e com segurança requer um mínimo de conhecimento técnico e econômico. Este livro fornece os fundamentos necessários para mantê-lo no controle de seu dinheiro. Onde quer que a jornada do Bitcoin nos leve, investir neste livro é uma vitória certa."
Johannes Grill, Presidente Bitcoin Áustria

"A raiz do problema com a moeda convencional é toda a confiança necessária para fazê-la funcionar. O banco central deve ser confiável para não depreciar a moeda, mas a história das moedas fiduciárias está cheia de quebras dessa confiança."

Satoshi Nakamoto

9 de junho de 2021

Algumas horas atrás, eu estava ao vivo no Twitter Spaces junto com 20.000 Bitcoiners e o presidente de El Salvador quando o congresso do país votou pela adoção do bitcoin como moeda legal, tornando-o o primeiro país do mundo a fazê-lo. Coincidentemente também estou terminando o manuscrito deste livro hoje. Que momento incrível para estar viva e estou honrada por poder contribuir com esse movimento através da educação sobre o Bitcoin. Ao pegar este livro e compartilhá-lo com seus amigos, estamos acelerando a revolução monetária em direção a mais liberdade e soberania individual.

Anita Posch

1. Introdução

"Escrever uma descrição para esta coisa para o público em geral é muito difícil. Não há nada para correlacionar."
Satoshi Nakamoto

Aprender Bitcoin é o melhor guia para decidir por que e como você deve entrar no mundo do Bitcoin. Apresenta o Bitcoin em todas as suas facetas, desde suas implicações técnicas, econômicas, políticas e sociais até como está evoluindo no cenário monetário atual. Ele fornece um roteiro passo a passo para navegar neste novo mundo financeiro e apresenta recomendações concretas sobre como adquirir, ganhar e armazenar bitcoin com segurança. Subir a escada da soberania financeira lhe concederá liberdade pessoal e controle sobre seu dinheiro.

Neste livro, você encontrará respostas para as perguntas sobre o que é dinheiro, de onde vem, seu desenvolvimento histórico, tecnologia blockchain e Bitcoin especificamente. Ele dá respostas às perguntas por que e como usar o Bitcoin, enquanto desmascara mitos e mal-entendidos populares em torno das criptomoedas. Eu me aprofundo no desenvolvimento do Bitcoin desde seu início em 2008 e dou uma visão sobre futuras aplicações de dinheiro baseado em Bitcoin.

Enquanto a grande mídia e especialistas econômicos no mundo ocidental pensam que é apenas uma ferramenta para especulação, meu objetivo é espalhar a palavra sobre o Bitcoin como um facilitador de justiça financeira e mudança social. O que não é mencionado são as implicações positivas do mundo real que um ativo digital verdadeiramente sem permissão, sem censura e neutro com um fornecimento fixo oferece.

Mais adiante no livro, focarei nas aplicações mais práticas do bitcoin (BTC) e como você pode adquiri-lo e armazená-lo com segurança. Você aprenderá como ganhar confiança começando com pequenas quantias, como minimizar os riscos existentes e proceder de forma estratégica e eficiente no armazenamento de seu patrimônio a longo prazo.

Este não é um conselho financeiro nem um guia de negociação para as milhares de Altcoins existentes. Se você está interessado apenas em ganhos de curto prazo, tratando o dinheiro como se estivesse jogando em um cassino, este livro não é para você. É para pessoas que querem aprender e entender os fundamentos do Bitcoin e controlar seus fundos de maneira auto-soberana.

2. A evolução do dinheiro

Em 3 de janeiro de 2009, nasceu o Bitcoin. Desde a sua criação, o protocolo de Internet (IP) da rede Bitcoin P2P anexou novos blocos de dados a uma cadeia de transações aproximadamente a cada 10 minutos. A blockchain do Bitcoin armazena transações na ordem cronológica correta e não pode ser alterada posteriormente, tão fixa quanto o próprio tempo. Assim como nossos batimentos cardíacos preservam nossos corpos, esse processo é preservado por um sistema que se baseia em criptografia, teoria dos jogos, TI e redes descentralizadas que se mantêm em equilíbrio.

Este sistema autorregulado tem as seguintes características:

- As transações de Bitcoin são resistentes à censura.
- Bitcoin é imutável.
- Bitcoin não pode ser falsificado.
- As transações de Bitcoin são altamente seguras sem intermediários, sem bancos.
- As transações de Bitcoin são transparentes, visíveis publicamente e podem ser auditadas por qualquer pessoa.

Representação [1]

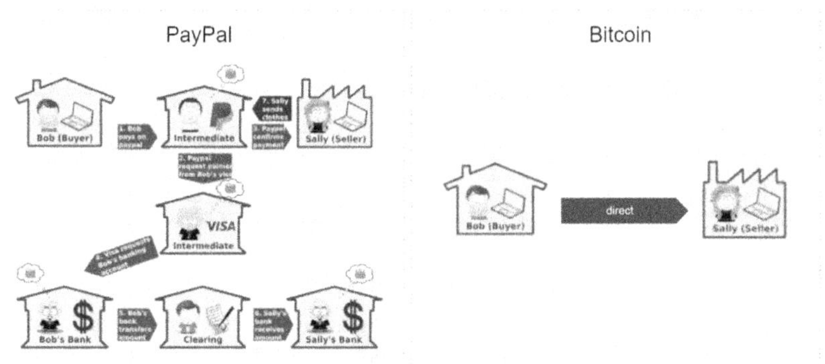

Pagamento via PayPal vs. Bitcoin

Em um pagamento tradicional existem até sete intermediários até que o pagamento chegue ao destinatário. Bitcoin não tem nenhum.

- Bitcoin é uma rede neutra: não moraliza ou distingue entre pagamentos "bons" e "ruins".
- Bitcoin não tem permissão: não há guardiões que possam impedir seu uso.
- Bitcoin não tem fronteiras: pode ser usado em todo o mundo.
- Bitcoin, como o protocolo da internet, é um bem comum: pertence a todos, não a uma única entidade, como uma empresa.
- As regras do Bitcoin são aplicadas pelo consenso programado e seguro de todas as partes envolvidas.

Bitcoin é o dinheiro das pessoas. Bitcoin é a evolução do dinheiro. É uma continuação do processo perpétuo de descoberta de dinheiro novo que sempre fez parte da história da humanidade. Ao longo dos milênios, várias novas formas de dinheiro foram encontradas e usadas, desde uma troca direta entre pessoas até um sistema de crédito no padrão-ouro, da moeda fiduciária ao atual sistema inflacionário sem lastro de hoje. O sistema bancário e monetário como o conhecemos hoje existe e evoluiu por cerca de 300 anos. É natural que, com o surgimento de uma nova forma de comunicação via internet, surja uma nova forma de economia e um novo tipo de dinheiro, o dinheiro nativo da internet.

Representação [2]

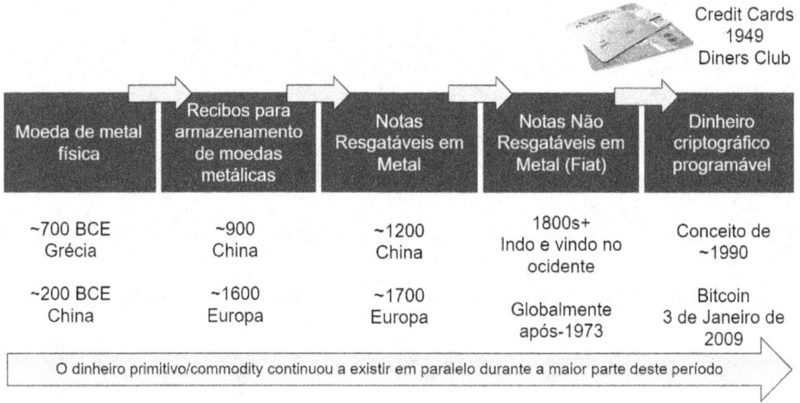

História do dinheiro

O dinheiro criptográfico programável ou a "Internet do Dinheiro" - como diz Andreas M. Antonopoulos - é imparável. Estamos no início de uma nova era na história da humanidade.

2.1 Pedras Rai de Yap

Se o Bitcoin parece incompreensível e você não consegue entender o conceito de blockchain como um livro razão compartilhado, as pedras Rai da Ilha de Yap é um bom exemplo para introduzir alguns conceitos sobrepostos.

Rai são grandes discos de pedra usados na ilha Yap no Pacífico Ocidental (Micronésia). Eles foram "cunhados" dos depósitos de calcário da ilha de Palau e usados como moeda até o século XX.

Representação [3]

Pedras Rai com troncos de transporte, 1903

As pedras Rai foram trazidas para Yap via barco e, devido ao seu tamanho e peso, não foram movidas quando gastas, mas simplesmente mudaram de dono. Cada transação foi "registrada" oralmente dentro da pequena comunidade, com o histórico de propriedade da pedra tornando-se de conhecimento comum. Eventualmente, o "histórico"/"ledger" da transação tornou-se a única parte que importava. Certa vez, uma pedra foi derrubada pela canoa que a transferiu para Yap e afundou. A pedra ainda era dinheiro, pois ainda existia, embora ninguém a tenha visto ou tido acesso desde então.

Isso é particularmente importante porque demonstra um uso natural de um livro de transações. O livro-caixa era partilhado oralmente entre os habitantes e atribuía-se a propriedade sem que uma única pedra se movesse; todos concordaram com isso e um consenso foi formado. É assim que podemos fazer uma comparação com as funções do blockchain do Bitcoin; é um registro compartilhado de todas as transações, armazenado simultaneamente em milhares de computadores (nós) globalmente. [4]

Outra semelhança com o Bitcoin é a criação da pedra Rai, que foi um trabalho intenso e uma forma de prova de trabalho. As pedras foram esculpidas com ferramentas manuais, extraídas no exterior e trazidas para a ilha de canoa. Uma vez que as pedras Rai se tornaram fáceis de fabricar com técnicas modernas, elas se tornaram menos úteis como dinheiro, porque não eram mais um indicador confiável de energia gasta.

As pedras Rai foram vistas pelos economistas modernos como uma forma primitiva de dinheiro e são frequentemente usadas como exemplo para apoiar a tese de que o valor de algumas formas de dinheiro pode ser atribuído puramente por meio de uma crença compartilhada nesse valor.[5] O dinheiro de hoje também não é apoiado por nada. Na verdade, só é estabelecido e declarado curso legal por regulamentação governamental. Por isso, é o meio de conta que usamos e, portanto, é percebido como valioso.

2.2 Como o dinheiro é criado

> "Deve-se confiar no banco central para não desvalorizar a moeda, mas a história das moedas fiduciárias está cheia de violações dessa confiança." - **Satoshi Nakamoto**

Aprender sobre Bitcoin me abriu os olhos. Existem dois períodos distintos da minha vida, um antes do Bitcoin e outro depois do Bitcoin. Eu vejo as coisas de forma completamente diferente hoje. No meu objetivo de entender o Bitcoin, primeiro tive que entender o sistema monetário atual. Quais são as diferenças entre sistemas monetários como o USD ou Euro e Bitcoin? O que é inflação? Que papel estão desempenhando os bancos centrais? E assim por diante. É intrigante que não aprendamos esses conceitos na escola, mas essa falta específica de educação pode, infelizmente, ser intencional.

180 moedas são usadas em 195 países ao redor do mundo. Uma moeda é um sistema de dinheiro de uso comum, definido pelos governos. Muitas jurisdições definem sua moeda nacional como moeda legal; é dinheiro

declarado por lei válido para o pagamento de dívidas que não podem ser recusadas como forma de pagamento.

Todas as 180 moedas – o dólar americano, o euro, o iene e a libra esterlina, por exemplo – podem ser definidas como estando dentro de uma categoria chamada "dinheiro fiduciário". Desde 1971, nenhuma dessas moedas fiduciárias foi apoiada por ouro ou por qualquer outro ativo tangível. O dinheiro tem valor porque acreditamos nele. O dinheiro é uma linguagem para expressar o quão valioso algo é, socialmente. A palavra fiat vem do latim e significa "faça-se". O dinheiro atual é criado por meio de uma entrada em uma base de dados e é apenas um número em um sistema de contabilidade. Não há produtividade real por trás disso.

Quem é responsável pela criação do dinheiro? É uma mistura de governos e bancos centrais, juntamente com bancos comerciais. É um sistema centralizado e hierárquico com guardiões. Não há acordo sobre um limite ou taxa de emissão de novas moedas.

Fiat é "dinheiro por decreto"; é administrado coercitivamente através da ameaça implícita de violência do Estado. O valor está sendo mantido pela criação de uma responsabilidade fiscal infinita que você só pode satisfazer com dinheiro fiduciário e por mercados de títulos administrados pelo Estado, bem como leis de curso legal e política tributária.

- O dinheiro é criado pelos bancos centrais na forma de papel-moeda e moedas.
- Os bancos centrais compram ativos e títulos do mercado aberto, o dinheiro flui para o sistema.
- O dinheiro é criado por meio de estímulos governamentais, por meio de benefícios, subsídios e resgates.
- O dinheiro é criado por bancos comerciais através de empréstimos.

2.2.1 O dinheiro é criado através da dívida

O último ponto é o que todos nós conhecemos. É como fazemos um empréstimo para comprar uma casa, abrir um negócio ou comprar um carro. O processo é fácil, mas só para quem já é privilegiado. Se você não puder oferecer uma garantia, se não for proprietário de uma pequena empresa, se não tiver um emprego regular de renda fixa ou se for uma mulher em um país onde as mulheres ainda são proibidas de ter qualquer propriedade, provavelmente você não irá ser qualificado para receber crédito no seu banco. Se você conseguir o empréstimo, o banco edita sua base de dados e adiciona o valor do crédito à sua conta. Você deve então a eles o empréstimo mais a taxa de juros. Agora você deve sair e trabalhar ou vender algo para poder pagar o empréstimo mais a taxa de juros. É um grande negócio para os bancos. Eles não acrescentam nada, mas ganham as taxas do seu contrato de empréstimo e os juros do seu retorno.

Além disso, há algo chamado reserva fracionária. Isso permite que os bancos emprestem mais dinheiro do que mantêm em reservas ou como saldos em sua conta no banco central. O valor mínimo que os bancos devem manter em ativos líquidos, chamado de "taxa de reserva", é determinado pelo banco central. Esta taxa varia de país para país. Na área do euro, os bancos devem deter um mínimo de 1% no momento da redação. Em março de 2020, o FED aboliu essa exigência de reserva mínima devido à pandemia de COVID-19. Canadá, Reino Unido, Nova Zelândia, Austrália, Suécia e Hong Kong não têm requisitos de reserva. Se cada um de nós fosse ao banco hoje e pedisse para retirar nosso dinheiro, o sistema bancário desmoronaria. Como os bancos emprestaram mais dinheiro do que possuem, eles não poderão devolver seu próprio dinheiro.

Em 2020, a dívida global aumentou dos incríveis 24 trilhões para 281 trilhões de dólares, ou 355% do PIB global.[6]

Representação [7]

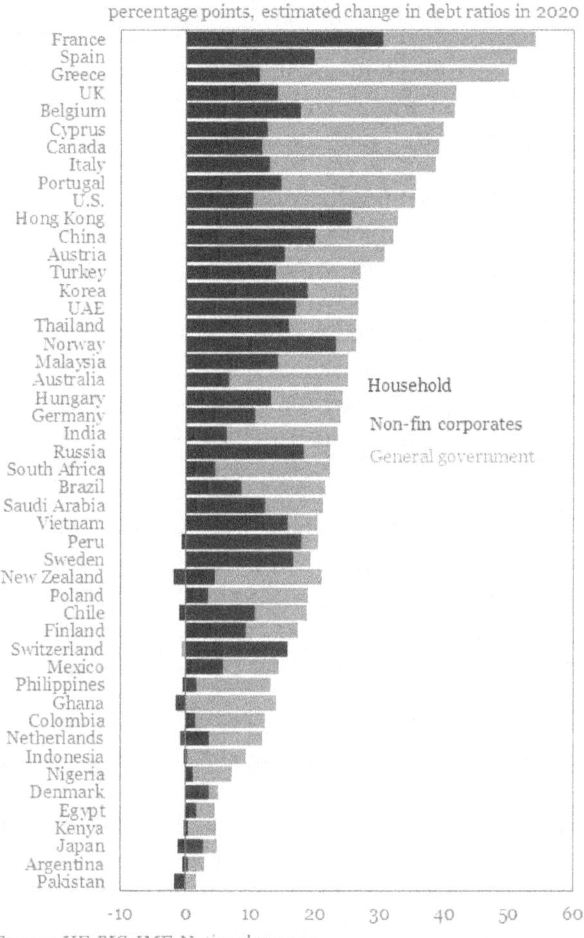

Taxa dívida/PIB

2.2.2 Bancos Centrais como Credores de Último Recurso

Os bancos comerciais podem e têm pedido a ajuda do banco central como credores de última instância. Em 2008/2009, os bancos, responsáveis pela crise financeira global, receberam o dinheiro do resgate. Eles foram resgatados porque eram "grandes demais para falir". E o que fizeram com o dinheiro? Eles compraram de volta ações em suas próprias empresas. Nada "escorregou" na economia. A distância entre ricos e pobres inevitavelmente se tornou cada vez maior.

Os bancos centrais são chamados de credores de última instância. O objetivo é evitar perturbações econômicas como resultado de pânicos financeiros, e corridas aos bancos se espalhando de um banco para outro devido à falta de liquidez. Atores financeiros como os bancos sabem que os bancos centrais terão que salvá-los, o que leva ao risco moral – risco excessivo por parte de banqueiros e investidores.

A criação de dinheiro artificial através dos bancos centrais ofuscou a distorção no mercado. Por causa da inundação e manipulação do sistema monetário com dinheiro barato, não há mais mecanismo racional de determinação de preços. Normalmente, oferta e demanda determinam o valor de bens e commodities, mas, em um mercado distorcido e manipulado, não há espaço para descoberta de preços justos. A classe média global está pagando pela ganância das elites financeiras que, por sua vez, está sendo alimentada por um sistema corrompido de criação de dinheiro.

Você, como indivíduo, já foi resgatado da falência? E se tiver, você faria a mesma coisa repetidamente, manipulando o sistema sabendo que há um último recurso, que sempre o salvará? Isso é exatamente o que os bancos, Wall Street, Hedge Funds e seus advogados de lobby fazem constantemente, auxiliados por bancos centrais de todo o mundo.

"Classicamente, os bancos centrais mantêm reservas em caso de emergências, estabelecem taxas de juros e alocam fundos para estimular ou desacelerar economias após eventos disruptivos como pânicos ou guerras. O papel mais recente que eles assumiram é o de proteger todo o sistema financeiro e influenciar o trajetória econômica de nações soberanas inteiras. Esta é a antítese do regime democrático. Tal oligarquia monetária opera além das normas e limites democráticos." [8]

O livro de Nomi Prins abordou a psique de Wall Street, revelando como a própria estrutura do sistema financeiro dependia de traders que migrassem para a próxima grande aposta, independentemente das apostas. Além disso, as <u>mesmas</u> pessoas e famílias continuavam surgindo, pedalando por Wall Street e Washington. Eles influenciaram a economia abaixo deles por terem status, dinheiro privado e cargos públicos, desmantelando leis que estavam em seu caminho e encontrando brechas em outras. Os bancos privados normalizaram a manipulação do mercado. Os bancos centrais fizeram disso uma forma de arte, sem limites."
[9]

2.2.3 Inflação da oferta de dinheiro

Vamos pegar o dólar americano como exemplo para todas as moedas fiduciárias. Por causa da inflação da oferta monetária, quanto mais dólares estão disponíveis, menos valor uma única nota tem. Imagine uma nota de banco como uma mercadoria como o cobre. Se houver mais cobre no mercado do que demanda, o preço do cobre cairá; seu valor diminuirá. O mesmo vale para as nota. O valor das moedas fiduciárias também é determinado pela oferta e demanda. Se você aumentar a oferta e a demanda permanecer a mesma, o valor de uma unidade diminui.

A oferta monetária consiste em vários tipos de dinheiro que são geralmente classificados como Ms, como M0 (moeda base), M1, M2 e M3. As definições podem variar ligeiramente em diferentes países.

A base monetária (M0) é o montante total de uma moeda em papel e moeda física que está em circulação nas mãos do público ou na forma de depósitos de bancos comerciais mantidos nas reservas do banco central. [10]

Contanto que você guarde o seu dinheiro com você, como um ativo assim como bitcoin, ele é uma propriedade que só você possui. Se você pegar seu dinheiro e armazená-lo no banco, você tem uma reivindicação, mas não possui mais o dinheiro. Semelhante ao bitcoin em uma exchange.

Qualquer outra oferta de moeda fiduciária (M1, M2, M3) é composta por créditos sobre a base monetária. [11]

M1 inclui M0, depósitos à vista, cheques de viagem e outros depósitos à vista, que são facilmente conversíveis em dinheiro.

M2 inclui M0, M1, títulos do mercado monetário, fundos mútuos e outros depósitos a prazo. Esses ativos são menos líquidos que o M1 e não são tão adequados quanto os meios de troca, mas podem ser rapidamente convertidos em dinheiro ou depósitos à vista. O M2 é observado de perto como um indicador da oferta monetária e da inflação futura, e como uma meta para a política monetária do banco central.

A quantidade de moeda M2 em circulação nos EUA era de **19,7 trilhões de dólares** em fevereiro de 2021. [12] Veja o crescimento em 2020.

Representação [13]

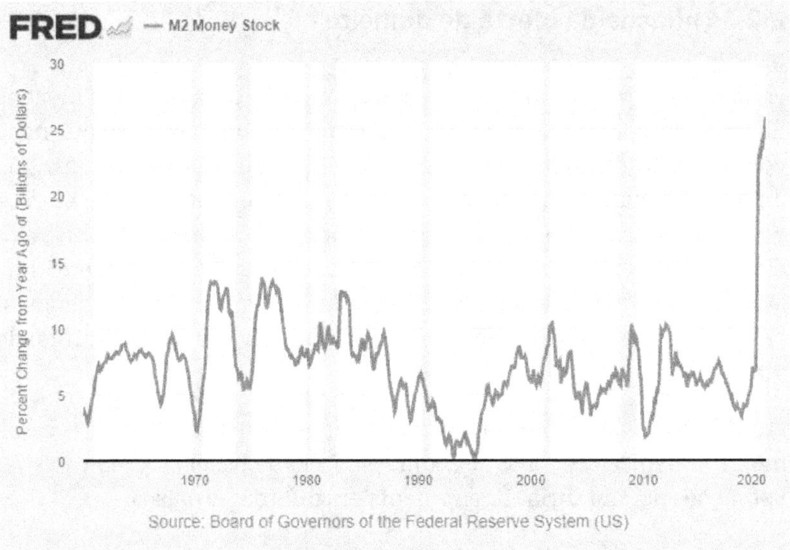

M2 Money Stock Growth USA, 2021

"Aceitamos isso como normal porque assumimos que nunca terminará. O sistema bancário de reservas fracionárias funciona em todo o mundo há centenas de anos (primeiro apoiado em ouro e depois totalmente baseado em moeda fiduciária), embora com eventos inflacionários ocasionais ao longo do caminho para redefinir parcialmente as coisas.

Cada unidade individual de moeda fiduciária degradou cerca de 99% em valor ou mais ao longo de uma linha de tempo de várias décadas. Isso significa que os investidores precisam ganhar uma taxa de juros que exceda a taxa de inflação real (o que não está acontecendo atualmente) ou precisam comprar investimentos, o que infla o valor de ações e imóveis em comparação com seus fluxos de caixa e aumenta os preços de objetos escassos, como obras de arte." [14]

Somando-se à inflação da oferta monetária está o fato de que a população nos EUA e em outras nações ocidentais não está crescendo na mesma proporção que a oferta monetária. "A população dos EUA costumava crescer talvez 1,5% ao ano, e agora cresce mais perto de 0,5% ao ano. Isso é muito importante. Enquanto isso, a ampla oferta monetária aumentou 25% ano a ano e está a caminho de aumentar 75% + ao longo de um período de 5 anos no futuro." [15]

A rigor, a inflação ocorre quando a oferta de moeda supera o crescimento nominal do PIB, que consiste no crescimento da população e da produtividade. O Índice de Preços ao Consumidor dos EUA mostra que os preços dos bens subiram desde que o valor do dinheiro diminuiu.

Representação [16]

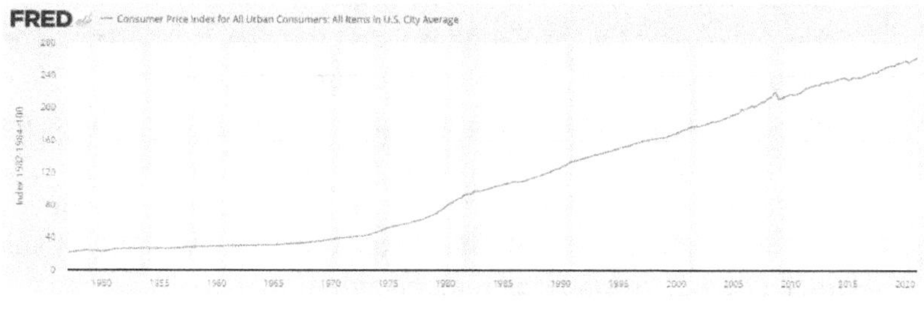

Consumer Price Index US 2020

2.2.4 Esquema Ponzi

> Esquema Ponzi: "Uma forma de fraude em que a crença no sucesso de um empreendimento fictício é fomentada pelo pagamento de retornos rápidos aos primeiros investidores do dinheiro investido por outros." - **Dicionário de Inglês Oxford**

Os inimigos do Bitcoin o chamam de esquema Ponzi. Eu digo, eles não entendem o Bitcoin ou o que é o verdadeiro esquema Ponzi, ou eles têm interesse em que o Bitcoin não tenha sucesso. Charles Ponzi foi preso nos Estados Unidos em 1920 por tirar 20 milhões de dólares de dezenas de milhares de vítimas. Sua promessa era dobrar o dinheiro investido em três meses. Em troca de dinheiro, os investidores recebiam notas promissórias que garantiam o investimento original mais 50% de juros. Essas notas traziam a assinatura de Ponzi com carimbo de tinta. Muitos se referiam a eles como "notas Ponzi".

> "Meu negócio era simples. Era o velho jogo de roubar Peter para pagar Paul. Você me daria cem dólares e eu lhe daria uma nota para lhe pagar cento e cinquenta dólares em três meses... Minhas notas se tornaram mais valiosas do que o dinheiro americano... Então veio o problema. A coisa toda foi quebrada." - **Charles Ponzi**

Se você quiser saber mais, ouça meu episódio de podcast sobre a vida e a história do italiano Charles Ponzi. Você pode encontrá-lo em https://anita.link/ponzi.

Características de um Esquema Ponzi

- Um esquema Ponzi tem um ator, líder ou organização centralizada que coleta investimentos e foge no final.
- Esquemas Ponzi não são auditáveis ou transparentes. Ninguém, exceto o criador, sabe o que acontece com os fundos.
- Um esquema Ponzi emite dinheiro até quebrar - não há limite de oferta.
- Dificuldade em reembolsar os investidores: quanto mais dinheiro entra no esquema, mais dinheiro tem que ser devolvido, e mais difícil fica para o criador parar a máquina.
- O sistema tem que quebrar um dia, não tem saída.
- Os golpistas ganham dinheiro emprestando fundos sem nenhuma contribuição real para o desempenho econômico de um país.
- A ganância está conduzindo o esquema Ponzi. Investidores de varejo que chegam cedo, ganham juros e contam a outros, que também querem ficar ricos rapidamente.

Vamos comparar essas características com o sistema atual de criação de dinheiro.

Características da Criação do Dinheiro Fiat

- Possui atores centralizados como governos, bancos centrais e bancos comerciais criam dinheiro.
- O sistema monetário não é auditável e nem transparente.
- Não há limite de oferta de dinheiro.
- Dificuldade em reembolsar os investidores devido ao sistema bancário de reserva fracionária, se apenas 20% dos clientes de um banco solicitarem saque ao mesmo tempo o banco entra em apuros e dirá "não" à sua retirada. Isso acontece regularmente em todo o mundo e aconteceu com alguns bancos dos EUA no início de 2020 durante a pandemia.
- O sistema tem que quebrar um dia, não tem saída.
- Os bancos ganham dinheiro emprestando fundos sem nenhuma contribuição real para o desempenho econômico do país.
- A ganância está conduzindo o sistema fiduciário. As elites financeiras recebem empréstimos baratos porque possuem títulos para comprar mais títulos e aumentar sua riqueza e poder.

2.2.5 O verdadeiro esquema Ponzi

- A única semelhança entre Bitcoin e um esquema Ponzi é o efeito de rede da ganância. Mas, ao contrário de um Ponzi, você mesmo pode segurar as chaves do seu bitcoin. Não há banco ou agente centralizado controlando seu bitcoin.
- Bitcoin tem uma oferta limitada. Apenas 21 milhões serão criados. Bitcoin é finito, moeda fiduciária é infinita. Não pode haver inflação baseada na oferta de dinheiro no Bitcoin.
- A emissão do Bitcoin é predeterminada por um algoritmo que todos os atores do Bitcoin concordaram e protegem por meio de nós operacionais. Não pode ser alterado sem o consentimento da comunidade global de Bitcoin. Como o limite de 21 milhões de bitcoins é uma das características mais importantes do Bitcoin, um acordo para alterá-lo será muito difícil ou mesmo impossível de alcançar.
- Os banqueiros centrais estão determinando o destino financeiro de todos os países do mundo. Eles não são eleitos, mas atuam como governos tentando controlar todo o mercado financeiro.
- O Efeito Cantillon foi descrito pelo economista irlandês-francês Richard Cantillon por volta de 1730. Ele sugeriu que a inflação ocorre gradualmente e que a nova oferta de dinheiro criada pelos bancos tem um efeito localizado sobre a inflação, recompensando os banqueiros e atores próximos criando dinheiro artificialmente, beneficiando os mais próximos da origem do dinheiro.

"As políticas monetárias da crise e pós-crise do Fed, adotadas por outros grandes bancos centrais, deveriam "gotejar" para as massas. Isso não aconteceu. As elites globais sabiam disso na época e estão mais conscientes disso agora. Em janeiro de 2017, o Fórum Econômico Mundial admitiu que o aumento da desigualdade ameaça a economia mundial. Esses coniventes provocam a desigualdade porque os beneficia e a preservação de suas hierarquias de poder global em detrimento de tudo e de todos." - **Nomi Prins** [17]

2.2.6 O fim deste tipo de crescimento

A desigualdade de riqueza tem aumentado nos últimos séculos, juntamente com a mercantilização e monetização dos recursos naturais. Nada fica para ser consumido. Estamos vivendo uma luta por recursos, por oportunidades iguais contra o establishment e as elites que se enriquecem com a corrupção e as vantagens financeiras.

"Outro subproduto da crise financeira e do conluio do banco central foi o aumento da ansiedade econômica que gerou uma virada para o nacionalismo, do Brasil à Grã-Bretanha e aos Estados Unidos. O choque do Brexit no Reino Unido reverberou em todo o mundo como eleitores se afastou da liderança incumbente e de suas políticas econômicas fracassadas. Nos Estados Unidos, a vitória eleitoral de Donald Trump, o presidente bilionário 'antiestablishment', foi outra manifestação dessa tendência. Esses votos marcantes não foram causados diretamente pela política do banco central, mas foram os efeitos." [18]

A crescente divisão entre ricos e pobres é baseada em nosso atual sistema monetário, que é o verdadeiro esquema Ponzi. Os banqueiros centrais não são eleitos democraticamente, mas decidem o destino financeiro do mundo. Banqueiros e seus amigos estão lucrando com este sistema. É hora de uma alternativa: uma forma de dinheiro descentralizada, aberta, neutra, transparente, imutável, não inflável e colaborativa para as pessoas: Bitcoin.

2.2.7 Sistema Petrodólar de hoje

Agora que discutimos como o dinheiro é criado, vamos mergulhar no mundo das guerras cambiais e como esse sistema de moedas nacionais é exclusivo e, historicamente, foi dominado por diferentes impérios.

A história das guerras cambiais é longa. "Ao longo do século passado, o mundo passou de um sistema padrão-ouro, para o sistema de Bretton Woods, para o sistema Petrodólar. Cada sistema se destruiu por dentro, em vez de ser derrubado externamente, e cada vez que um sistema fazia a transição para outro, ocorreu uma desvalorização generalizada e significativa da moeda."[19]

A hegemonia monetária britânica durou de 1871 até a Primeira Guerra Mundial. Naquela época, a moeda de uma nação estava atrelada ao ouro. Após o período entre guerras, quando o poder monetário começou a se descentralizar, os Estados Unidos emergiram como a potência monetária central após a vitória dos aliados na Segunda Guerra Mundial. O sistema de Bretton Woods, fundado em 1944, foi o primeiro exemplo de uma ordem monetária totalmente negociada, destinada a governar as relações monetárias entre estados independentes. Estabeleceu um sistema de regras, instituições e procedimentos para regular o sistema monetário internacional, como o Fundo Monetário Internacional (FMI). Os Estados Unidos, que controlavam dois terços do ouro mundial, insistiram que o sistema de Bretton Woods se baseia tanto no ouro quanto no dólar americano. Representantes soviéticos compareceram à conferência, mas depois se recusaram a ratificar os acordos finais, insistindo que as instituições que eles criaram eram "filiais de Wall Street". Isso pode ser interpretado como o ponto de partida da Guerra Fria.

Em 15 de agosto de 1971, os Estados Unidos, liderados pelo presidente Richard Nixon, encerraram unilateralmente a conversibilidade do dólar americano em ouro, efetivamente pondo fim ao sistema de Bretton Woods e tornando o dólar uma moeda fiduciária. Ao mesmo tempo, muitas moedas fixas (como a libra esterlina) também se tornaram flutuantes.

O sistema monetário de hoje é construído sobre o Petrodólar. Lyn Alden descreve isso em seu artigo "A Estrutura do Sistema Monetário Global":

"A partir de 1971, após o colapso do sistema de Bretton Woods, todas as moedas ao redor do mundo se tornaram moedas fiduciárias e o sistema monetário global tornou-se menos ordenado. Esta foi a primeira vez na história da humanidade que isso aconteceu, onde todas as moedas do mundo em ao mesmo tempo foram transformados em papel sem suporte.

A moeda fiduciária é um sistema monetário pelo qual não há nada de valor na própria moeda; é apenas papel, moedas baratas de metal ou bits digitais de informação. Elas tem valor porque o governo declara ter e que é moeda legal para pagar todas as coisas, incluindo impostos.

Um país pode impor o uso de uma moeda fiduciária como meio de troca e unidade de conta dentro de seu país, tornando todos os impostos pagáveis apenas nessa moeda, ou promulgando outras leis para adicionar atrito ou, em alguns casos, banir totalmente outras meios de troca e unidades de conta. Se a moeda deles tiver um problema grande o suficiente, como é o caso de muitos mercados emergentes, um mercado negro se desenvolverá para outros meios de troca, como moeda estrangeira ou ativos tangíveis.

Uma moeda fiduciária pode enfrentar problemas específicos ao tentar ser usada fora de seu país de origem. Por que empresas e governos de outros países deveriam aceitar pedaços de papel que podem ser impressos indefinidamente por um governo estrangeiro e não têm apoio firme como forma de pagamento por seus valiosos bens e serviços? Sem um apoio real, o que vale a pena? Por que você venderia petróleo para estrangeiros em troca de papel?

No início da década de 1970, houve uma variedade de conflitos geopolíticos, incluindo a Guerra do Yom Kippur e o embargo de petróleo da OPEP. Em 1974, no entanto, os Estados Unidos e a Arábia Saudita chegaram a um acordo e, a partir daí, o mundo foi colocado no sistema petrodólar; uma maneira inteligente de fazer um sistema global de moeda fiduciária funcionar decentemente o suficiente... Com o sistema petrodólar, a Arábia Saudita (e outros países da OPEP) vendem seu petróleo exclusivamente em dólares em troca da proteção e cooperação dos EUA. Mesmo que a França queira comprar petróleo da Arábia Saudita, por exemplo, eles o fazem em dólares. Em troca, os Estados Unidos usam sua incomparável marinha para proteger as rotas marítimas globais e preservar o status quo geopolítico com ação militar ou a ameaça disso, conforme necessário... Alguns de nós, particularmente perto do topo da escada de renda, se beneficiam direta ou indiretamente deste sistema. Os americanos que trabalham com finanças, governo, saúde e tecnologia obtêm muitos dos benefícios de viver no poder hegemônico, sem as desvantagens. Por outro lado, os americanos que fabricam produtos físicos tendem a não se beneficiar, porque perderam seus empregos ou tiveram seus rendimentos suprimidos e, portanto, não se beneficiaram dos ganhos. E fora dos Estados Unidos, os países exportadores se beneficiam do sistema, enquanto os países que não gostam de como o sistema monetário global está estruturado não têm muito recurso para fazer nada a respeito, a menos que se tornem grandes o suficiente como Rússia e China. "[20]

Estamos em guerras cambiais há muitas décadas. Qual moeda é mais forte? Qual país pode obter mais benefícios manipulando sua moeda? O Euro, o Dólar Americano, o Yuan Chinês? Ou até mesmo o Diem do Facebook? O dinheiro corporativo é o novo e forte jogador do mercado. Para manter seus poderes, os bancos centrais começaram a trabalhar em suas próprias moedas digitais (CBDCs).

Representação [21]

Novas formas de dinheiro surgem

Bitcoin é a nossa alternativa a este sistema. Proteger nossa privacidade nesta era digital, votar contra o abuso do poder monopolista no sistema atual e dar às pessoas que vivem em estados autoritários com governantes corruptos as mesmas oportunidades de participar do sistema econômico. Bitcoin é uma estratégia de defesa, uma ferramenta com a qual podemos preservar o direito humano à liberdade e privacidade transacionais.

2.3 Bitcoin - Dinheiro para a Era Digital

Se as pessoas perguntarem o que é Bitcoin, minha primeira e mais curta resposta é: Bitcoin é dinheiro digital. É como as notas e moedas no seu bolso. Pertence a você, ninguém pode impedi-lo de gastar. Se você usar dinheiro para comprar uma bicicleta, você entrega ao vendedor suas notas e moedas. Você não precisa confiar no vendedor, porque você comprou sua bicicleta e a loja recebeu seu dinheiro. O negócio é fechado sem banco, identificação ou cartão de crédito.

O mesmo vale para bitcoin. Quando você compra algo, seja pela internet ou em uma loja e paga com bitcoin, o valor que você está enviando passa diretamente de você para a outra pessoa. Sem banco, sem PayPal e sem cartões de crédito, a transação permanece segura, confiável e infalível - isso é revolucionário.

A rede Bitcoin é um software de código aberto e não pertence a ninguém. É um bem comum. Não há empresa por trás do Bitcoin. Qualquer pessoa pode baixar, executar e visualizar o código e fazer sugestões de melhoria sem pedir permissão. Qualquer decisão sobre se e como fazer mudanças nas regras deve ser tomada pelo consenso de todas as partes envolvidas. Não há hierarquia. O Bitcoin cria confiança por meio da fusão de técnicas de diferentes campos da ciência: criptografia, uma rede de computadores distribuída globalmente, um banco de dados imutável de todas as transações (blockchain) e um sistema de incentivos que usa teoria dos jogos para proteger a rede e emitir o dinheiro (mineração).

Em contraste com a moeda fiduciária como o euro ou o dólar, que são controlados por seus respectivos bancos centrais, este é um sistema completamente novo. A confiança não depende de um sistema hierárquico e político, mas é construída sobre matemática, criptografia e um sistema de consenso autorregulado.

Bitcoin é construído em um conjunto de regras. É um sistema autorregulado, baseado em matemática e criptografia, que está impondo a emissão de moedas recém-cunhadas com base em um protocolo sem intervenções humanas arbitrárias. A censura de transações ou taxas de juros negativas não são possíveis, portanto, é uma maneira confiável de garantir valor.

2.4 A história do Bitcoin

> "A crise financeira dos EUA de 2007-2008 foi consequência de um sistema bancário pouco regulamentado em que o poder estava concentrado nas mãos de um elenco muito limitado de especuladores." [22]

> "A crise financeira de 2007-2008 que devastou a economia global foi desencadeada por um sistema bancário voraz nos Estados Unidos. Em resposta, comandados pelo Fed, os bancos centrais dos países do G7 desceram uma trilha interminável de fabricação de dinheiro - em plena luz do dia." [23]

Em 31 de outubro de 2008, no advento das maiores crises financeiras que o mundo já viu, alguém usando o pseudônimo Satoshi Nakamoto publicou um documento, um white paper, chamado "Bitcoin: A Peer-to-Peer Electronic Cash System" no domínio bitcoin.org e propôs uma nova forma digital de dinheiro.

Em 3 de janeiro de 2009, o primeiro bloco público de Bitcoin, o chamado Genesis Block, foi minerado. Satoshi deixou uma mensagem nele: "Chanceler à beira do segundo resgate aos bancos", que foi a manchete do jornal diário The Times, no Reino Unido naquele mesmo dia. É um timestamp que marca o início do Bitcoin e mostra a intenção de que ele seja uma alternativa ao sistema bancário e financeiro atual, no qual você precisa confiar em intermediários para processar pagamentos eletrônicos.

Em 9 de junho de 2021, o bitcoin se tornou moeda legal em El Salvador.

Desde a década de 1990, especialistas em computação, matemáticos e criptógrafos - incluindo algumas mulheres - vêm trabalhando em conceitos de criação de dinheiro digital. O Bitcoin pode ser criado porque foi construído sobre as principais tecnologias de seus antecessores.

2.4.1 Projetos de criptomoeda antes do Bitcoin

Partes dos conceitos a seguir foram incorporadas ao white paper Bitcoin de Satoshi Nakamoto.

Representação [24]

eCash DigiCash	Hashcash	B-Money	Bit Gold	Bitcoin
1990 David Chaum	1997 Cynthia Dwork & Moni Naor Adam Back	1998 Wei Dai	1997 / 1999 Nick Szabo	2008 Satoshi Nakamoto
Chaves públicas e privadas	Proof-of-work	Rede distribuída	Emissão descentralizada Contratos automatizados	Adiciona blockchain Gasto duplo resolvido

Projetos de criptomoeda antes do Bitcoin

Pares de chaves públicas e privadas

Em 1990, David Chaum estava preocupado com a natureza pública e o acesso aberto a pagamentos online e informações pessoais. Ele fundou a "Digicash", uma corporação e dinheiro eletrônico de mesmo nome, que usava protocolos criptográficos, bem como chaves privadas e públicas para anonimizar transações. O uso de assinaturas - pares de chaves públicas e privadas - tornou-se essencial no desenvolvimento do dinheiro eletrônico e do Bitcoin.

Comprovante de Trabalho

> As pirâmides do Egito são prova de trabalho. Eles são um manifesto da cultura, riqueza e organização egípcias.

Com o advento da internet e do e-mail veio o problema do spam. Para combater o crescente problema do spam, em seu artigo de 1992 "Pricing via Processing or Combatting Junk Mail", Cynthia Dwork e Moni Naor propuseram a ideia "... ." antes de serem tecnicamente capazes de enviar e-mails. Isso significava que, se alguém quisesse enviar um grande número de e-mails ao mesmo tempo, o computador precisaria resolver um problema matemático. Esse processo leva tempo e esforço e evita que os spammers enviem mensagens em rápida sucessão.

Em 1997, Adam Back propôs uma ideia semelhante chamada "Hashcash". Satoshi Nakamoto implementou o Hashcash como o sistema de prova de trabalho usado no Bitcoin. O trabalho de Adam Back é citado no white paper do Bitcoin. Ouça minha entrevista com Adam Back de 2019, onde discutimos sua ideia para Hashcash e a evolução de seu trabalho até o Bitcoin. Encontre-o em https://anita.link/12

O termo "prova de trabalho" foi criado e formalizado pela primeira vez em um artigo de 1999 por Markus Jakobsson e Ari Juels.

Descentralização

Hashcash foi seguido por "B-Money" por Wei Dai em 1998. Seu conceito foi o primeiro a ser baseado em uma rede descentralizada de computadores. Isso é incorporado à rede peer-to-peer do Bitcoin com computadores executando o software Bitcoin como nós completos ou mineradores. Peer-to-peer significa um sistema de participantes equipotentes e igualmente privilegiados, sem hierarquia na rede.

Pouco tempo depois, Nick Szabo publicou um artigo sobre "BitGold", o primeiro sistema de dinheiro digital capaz de funcionar sem uma entidade central emitindo o dinheiro. Ele também é a primeira pessoa a apresentar um artigo sobre "Contratos Inteligentes".

2.4.2 Resolvendo o problema do gasto duplo

Essas tecnologias monetárias predecessoras tinham um grande problema não resolvido. O problema do "gasto duplo" significa que o dinheiro digital já gasto pode ser usado uma segunda vez. Imagine um arquivo PDF que você pode copiar, modificar e enviar infinitamente a custo zero, alegando que cada cópia é a original. Tal arquivo digital seria inútil como dinheiro.

A engenhosa ideia de Satoshi Nakamoto foi adicionar um livro-razão ao sistema com blocos que contêm transações. Esses blocos são encadeados por meio de mineração de "prova de trabalho", daí o termo blockchain. Esse encadeamento de transações na ordem oportuna correta torna o bitcoin infalível e imutável.

Assim que um ator na rede Bitcoin trapaceia, a rede irá detectá-lo e bani-lo temporariamente. Isso significa que você não precisa confiar em ninguém, não há necessidade de um intermediário como um banco ou PayPal. Isso não significa que não existem golpistas por aí ou que você pode parar de verificar o que é verdadeiro ou falso, ou parar de aprender sobre como usar o Bitcoin. Conhecimento é poder.

O lema do Bitcoin é "Não confie, verifique". Isso foi um pouco confuso para mim no começo. Por um lado, você aprende que ainda não precisa confiar em um intermediário, por outro, pode verificar suas transações. O que isso significa é: se você quiser verificar as transações de bitcoin, você pode fazê-lo. Você até deveria, se tiver o conhecimento técnico para configurar seu próprio nó completo.

Isso é revolucionário - assim que você começa a verificar suas próprias transações de bitcoin, você se torna essencialmente um banco. Isso é o que os bancos fazem - eles verificam suas transações em seus livros. No entanto, você precisa confiar neles para fazer um bom trabalho. Isso pode estar funcionando muito bem em países desenvolvidos, mas a experiência bancária é muito pior na maior parte do mundo. Agora imagine que você não tem uma situação bancária confiável ou um documento de identidade, mas tem um celular e acesso à internet. Há apenas uma opção para você armazenar e usar dinheiro. É dinheiro móvel como M-Pesa ou EcoCash na África ou criptomoedas, onde você não precisa se identificar.

Todas as pessoas em todo o mundo com um celular com acesso à Internet têm acesso ao Bitcoin. Os bancos como os conhecemos não são obrigados a usar Bitcoin. Você não precisa pedir permissão a ninguém para possuir ou usar o Bitcoin. Tudo o que você precisa para começar é um smartphone, uma conexão com a internet e um aplicativo de carteira bitcoin.

Notas

1 Ilustração NetGuardians recuperada em abril de 2017https://www.netguardians.ch/ngfintechblog/2016/11/17/blockchain-explained-part-1

2 Anita Posch, créditos: Universidade de Nicósia, MOOC em moeda digital, "Uma breve história do dinheiro" com imagem: Lotus Head, CC BY-SA 3.0, wikimedia.org

3 Imagem: "Stone Money of Uap, Western Caroline Islands." - Dr. Caroline Furness Jayne tirou esta fotografia durante uma estadia de 1903 em Yap, domínio público, via Wikimedia Commons

4 Wikipedia Rai stone https://en.wikipedia.org/wiki/Rai_stones

5 Universidade de Nicósia, Introdução às Moedas Digitais, Sessão 1, p. 15

6 Relação dívida/PIB, JS Blokland https://twitter.com/jsblokland/status/1362138620665221122?s=20

7 Relação dívida/PIB, JS Blokland https://twitter.com/jsblokland/ status/1362138620665221122?s=20

8 Collusion, de Nomi Prins, Bold Type Books, 2019, p. 7.

9 Collusion, de Nomi Prins, Bold Type Books, 2019, p. xvii

10 Base Monetária https://www.investopedia.com/terms/m/monetarybase.asp

11 Base Monetária Global, Crypto Voices https://cryptovoices.com/basemoney

12 FRED, M2 Money Stock https://fred.stlouisfed.org/graph/?graph_id=248494

13 FRED, M2 Money Stock https://fred.stlouisfed.org/graph/?graph_id=248494

14 Lyn Alden, esquema Ponzi https://www.lynalden.com/bitcoin-ponzi-scheme/

15 Lyn Alden https://twitter.com/LynAldenContact/status/1362912907659522049?s=20

16 Índice de preços ao consumidor dos EUA https://fred.stlouisfed.org/series/CPIAUCSL

17 Collusion, de Nomi Prins, Bold Type Books, 2019, p. 253.

18 Collusion, de Nomi Prins, Bold Type Books, 2019, p. 249.

19 Lyn Alden, The Structure of the Global Monetary System https://www.lynalden.com/fraying-petrodollar-system/

20 Lyn Alden, Petrodollar System (1974-presente) https://www.lynalden.com/fraying-petrodollar-system/

21 Anita Posch

22 Collusion, de Nomi Prins, Bold Type Books, 2019, p. 1.

23 Collusion, de Nomi Prins, Bold Type Books, 2019, p. 247.

24 Anita Posch, Fonte The Merkle, https://themerkle.com/top-4-cryptocurrency-projects-created-ahead-of-bitcoin/ Hashcash.org http://www.hashcash.org/bitcoin/

3. O que é uma Blockchain?

O blockchain do Bitcoin é um banco de dados público e imutável onde todas as transações do Bitcoin são armazenadas. Assim, "o blockchain" em si não é o avanço tecnológico revolucionário, como geralmente é descrito na mídia. Como você aprendeu no capítulo "A História do Bitcoin", adicionar uma blockchain foi o elemento que finalmente resolveu o problema do gasto duplo e permitiu a emissão descentralizada de dinheiro em uma rede descentralizada segura. O Bitcoin tem muitas outras tecnologias anteriores.

Na verdade, Satoshi Nakamoto nunca mencionou a palavra blockchain. Em vez disso, Nakamoto usou o termo cadeia de tempo "timechain", porque o principal uso do livro-razão é armazenar todas as transações na ordem cronológica correta.

Como a palavra blockchain se tornou o termo comumente usado, seguirei o exemplo de usá-la aqui. Desde que foi criado em 2009, a blockchain Bitcoin nunca foi hackeada. Desde 2009, todas as transações são armazenadas em blockchain. Todas as transferências feitas em Bitcoin desde o início são armazenadas de forma descentralizada em cerca de 10.000 a 100.000 computadores em todo o mundo. Esses computadores são executados por indivíduos, universidades, exchanges e assim por diante. Essa descentralização dificulta o ataque ao Bitcoin porque, se você atacar um computador e o blockchain, ainda haverá milhares de bancos de dados idênticos atuando como um backup baseado em consenso. A tentativa de introduzir transações falsas na rede resultaria em falha porque o restante dos nós ao redor do mundo não conseguiria chegar a um consenso com o nó impostor, rejeitando seu registro de transação.

Os dados dentro da blockchain do Bitcoin são transparentes e públicos. Se você fizer uma transação, poderá procurá-la em um explorador de Bitcoin, que é como um mecanismo de pesquisa que vasculha o banco de dados de transações em vez de páginas da web. Você pode ver o valor em um endereço bitcoin que está registrado na blockchain. Com suas chaves privadas - o equivalente a sua senha - você tem acesso ao seu endereço público e pode mover o valor para outro endereço.

A blockchain do Bitcoin não pertence a ninguém, qualquer um pode baixá-la e armazená-la em seu próprio computador. Com este nó completo ou "full node", você também pode contribuir para o fortalecimento da rede Bitcoin. Por quê? Ao verificar sua própria cópia da blockchain, você não está confiando em mais ninguém para ser honesto com você. Quanto mais pessoas fizerem isso, mais distribuída e robusta será a rede Bitcoin.

Blockchains abertas e permissionadas

Observe a diferença entre o Bitcoin, que tem uma blockchain aberta e, por exemplo, "Diem" (token do projeto de dinheiro do Facebook) ou o E-Yuan CBDC do governo chinês, que são blockchains fechadas e centralizadas.

Uma blockchain aberta é acessível a todas as pessoas, é descentralizada, transparente, não censurável e neutra. Torna Bitcoin o dinheiro revolucionário que é: um sistema global, nativo da Internet, aberto a todos, independentemente de idade, cor, privilégio, gênero ou nação. Bitcoin pode até ser usado por máquinas. Ninguém pode impedir de enviá-lo peer-to-peer ao redor do mundo.

Uma blockchain privada baseada em permissão é fechado, não opaca, organizada hierarquicamente e armazenada centralmente. A empresa ou governo que administra o sistema pode excluir e censurar suas transações. Eles podem fechar sua conta e impedir que você gaste seu dinheiro. Você já está familiarizado com este sistema porque é como funciona o sistema bancário tradicional atual.

3.1 Bitcoin a Internet do Valor

Bitcoin é mais do que uma moeda digital ou dinheiro nativo da Internet. É uma infraestrutura de internet pública. É um protocolo de internet através do qual se trocam valores entre computadores operados por humanos, mas também pelas próprias máquinas autônomas. Por exemplo, os carros não apenas dirigirão de forma autônoma no futuro, mas também navegarão para a estação de carregamento por conta própria para recarregar. Nesse cenário, o pagamento é feito automaticamente via bitcoin sem que ninguém precise intervir manualmente.

Um protocolo rege a troca de informações ou procedimentos. A linguagem é um protocolo. Quando falo e faço uma pequena pausa, minha contraparte sabe que pode falar agora. Cada palavra em uma conversa tem um significado, cada expressão muda o tom de uma conversa. O protocolo de linguagem humana regula a comunicação entre duas ou mais pessoas. Os computadores também conversam entre si. Por exemplo, seus protocolos são SMTP para transmissão de e-mail, FTP para envio de arquivos ou HTTPS para visitar páginas da web. O respectivo protocolo determina como os dados são trocados entre si para que um computador possa entender o outro.

3.1.1 Pilha de protocolos da Internet

O protocolo Bitcoin pode ser comparado à estrutura de pilha de protocolos da Internet.

Representação [25]

Bitcoin é um bem comum

A blockchain do Bitcoin é um novo protocolo de internet comparável ao protocolo TCP/IP, que é a base da internet. Acima da blockchain Bitcoin está o protocolo Bitcoin que transfere valores, semelhantes ao protocolo SMTP para envio de e-mails. Acima dele está o bitcoin como um aplicativo comparável a softwares de e-mail como Gmail ou Outlook. Tudo isso é considerado a camada base do Bitcoin.

3.1.2 A Rede Relâmpago

Além do protocolo da camada base, camadas adicionais podem ser construídas, como a Lightning Network, que está em operação desde 2018. Por isso é chamado de protocolo de segunda camada ou camada dois. A Lightning Network permite pagamentos pequenos, mas rápidos e, ao mesmo tempo, uma quantidade ilimitada de pagamentos por segundo. Algo que tecnicamente não é possível na camada base do Bitcoin devido ao tamanho restrito do bloco. Também traz mais privacidade ao usar bitcoin, pois está operando através de canais de pagamento privados entre milhares de nós. Os pagamentos relâmpago saltam de um nó para o outro, impossibilitando saber quem é o remetente do pagamento. Aplicativos como carteiras, serviços de empréstimo e muito mais estão sendo construídos com base no protocolo Lightning, trazendo consigo as propriedades de segurança do Bitcoin.

3.2 Como um Bitcoin é criado?

Estávamos falando sobre protocolos e regras matemáticas que regulam como o Bitcoin funciona. Um conjunto de regras define como bitcoin é criado e distribuído. Essas regras só podem ser alteradas por consenso de todas as partes envolvidas na rede Bitcoin. Indivíduos, instituições ou governos não podem alterar as regras do Bitcoin unilateralmente.

Em nosso atual sistema monetário de moedas fiduciárias, a criação de dinheiro está nas mãos dos banqueiros centrais. Eles estão orientando e controlando a saída de notas e moedas, bem como a quantidade de crédito que os bancos comerciais podem emprestar, determinando a taxa de juros e, assim, influenciando o valor de cada unidade monetária.

Um bitcoin é criado em um processo chamado mineração de forma descentralizada, fora das mãos de pessoas com poder político orientado por agenda. O termo "mineração" foi escolhido porque, semelhante à extração de ouro, é necessário trabalho e energia para a criação de bitcoin.

3.3 O que é mineração de Bitcoin?

Você não precisa entender como a mineração de Bitcoin funciona para usar o Bitcoin, mas se estiver interessado nos detalhes, o que os mineradores fazem e como o bitcoin passa a existir, continue lendo.

3.3.1 Mineração em palavras fáceis

Imagine que você queira encher um museu com obras de arte feitas de quebra-cabeças, onde cada quebra-cabeça contribuirá para a experiência do visitante. Existem regras claras: apenas os quebra-cabeças montados corretamente e que venceram uma competição podem ser colocados no museu. Você selecionará e dará uma recompensa à criança que terminar o quebra-cabeça mais difícil primeiro. Você não quer que a criança seja capaz de enganar os outros ou saber de antemão qual quebra-cabeça vai ganhar. Você envia a 10.000 crianças de todo o mundo o mesmo quebra-cabeça e elas começam a montá-lo peça por peça ao mesmo tempo. A criança que terminar de juntar as peças primeiro ganha o prêmio. Dessa forma há uma prova de trabalho, o quebra-cabeça completo é a prova.

O processo de construção do quebra-cabeça não pode ser corrompido, as peças erradas do quebra-cabeça não podem ser inseridas e a criança vencedora não pode ser selecionada artificialmente. A criança mais rápida ganha o prêmio. Estas são as regras. Você só pode alterar as regras se os pais, as crianças, o designer de quebra-cabeças e o museu - todos os participantes da rede do quebra-cabeça - decidirem coletivamente fazê-lo. Aqui, quando falamos sobre o prêmio, estamos falando metaforicamente sobre a criação do bitcoin.

É mais ou menos disso que trata a prova de trabalho. Milhares de computadores em todo o mundo resolvendo enigmas matemáticos ao mesmo tempo, mostrando que eles se esforçam e, ao mesmo tempo, descentralizam os ganhos de recompensa para que ninguém possa conspirar ou prever qual minerador será o próximo a adicionar um bloco à cadeia. O esforço dos mineradores para validar as transações e formar blocos não apenas prova seu trabalho, mas também protege a blockchain. Você não pode alterar o passado - transações históricas - na blockchain do Bitcoin sem gastar muito dinheiro em infraestrutura e eletricidade para reescrever o blockchain. É por isso que os ataques à rede Bitcoin são possíveis em teoria, mas são muito, muito caros na realidade.

3.3.2 Mineração em detalhes

Imagine que você já está usando Bitcoin e tem uma carteira Bitcoin instalada em seu smartphone. Você faz o pedido de um produto pela internet, escolhendo bitcoin como forma de pagamento. O site mostrará seu endereço Bitcoin e você usará sua carteira móvel para enviar a quantia necessária. Então acontece o seguinte:

Sua carteira assina a transação. Ele é então transmitido para a rede Bitcoin e entra em um conjunto de outras transações não confirmadas, que é chamado de Mempool. O beneficiário recebe sua transação e seu nó completo valida a transação. Ele ainda aguarda, no entanto, a confirmação de que a transação foi adicionada com sucesso a um bloco antes de determinar a finalização. Esse é o momento em que você vê que sua transação foi enviada em sua carteira, mas está pendente, o que significa que ainda não foi finalmente liquidada no blockchain. Você tem zero confirmações neste momento.

Ao mesmo tempo, os mineradores também recebem sua transação no Mempool de seu nó. Um minerador de Bitcoin é um dispositivo especializado chamado ASIC. Sua única tarefa é executar o algoritmo de hash e resolver o quebra-cabeça de mineração o mais rápido possível. Existem centenas de milhares deles, descentralizados em todo o mundo.

Os mineradores também têm o software full node em execução que valida sua transação, verificando se todas as regras do protocolo foram seguidas e se você, como pagador, tem bitcoins suficientes para pagar a transação. Se a resposta a essas verificações for sim, eles adicionam a transação ao seu modelo de bloco. Mas antes de tudo, quando eles geram um novo modelo de bloco, o minerador insere a chamada transação base de moedas que, se vencer a corrida de mineração, pagará 6,25 bitcoins como recompensa. Depois de construir a transação coinbase, os computadores selecionam as transações do Mempool e as adicionam ao modelo de bloco gerado anteriormente.

Ao mesmo tempo, os computadores de hashing (ASICs) estão começando a resolver o quebra-cabeça matemático. Eles competem com todos os outros computadores de mineração em todo o mundo. O hasher que resolve o quebra-cabeça primeiro transmite o bloco para seus nós pares, que o verificam e o retransmitem para seus pares, e assim por diante até que todos os nós da rede tenham verificado e armazenado o bloco. Depois que mais 99 blocos são adicionados ao blockchain, o minerador vencedor pode gastar o subsídio criado anteriormente de 6,25 bitcoins.

O beneficiário, na verdade, seu nó completo, recebe o bloco e o valida novamente e, finalmente, confirma sua transação. Seu pagamento agora está anexado à cadeia em um bloco de dados e está concluído. Você recebe uma confirmação em sua carteira Bitcoin de que o pagamento chegou ao destinatário. Você vê em sua carteira que sua transação tem 1 confirmação. A cada 10 minutos, um novo bloco é criado e adicionado após o bloco que contém sua transação. Após seis blocos a transação é considerada praticamente irreversível.

O período de tempo que sua transação precisa ser liquidada depende da taxa de transação que você está selecionando e pagando. Quanto maior a taxa, mais rápido os mineradores inserirão sua transação em um bloco, pois eles ganham essas taxas além da recompensa do bloco de 6,25 bitcoins.

Por que esse quebra-cabeça matemático? A prova de trabalho consome muitos recursos, pois os computadores exigem grandes quantidades de energia. Esse fato leva a críticas ao Bitcoin à luz das mudanças climáticas que nós humanos criamos nas últimas décadas. O Capítulo "Pegada Ecológica do Bitcoin" trata dessa questão com mais detalhes.

Por que precisamos usar tanta eletricidade? A resposta é segurança e descentralização. A necessidade de colocar esforço e energia na mineração protege os dados na blockchain da manipulação e os torna imutáveis e não censuráveis. Nenhum estado ou organização pode mudar o blockchain.

Desde sua criação em 2009, a blockchain do Bitcoin nunca foi hackeada. Cerca de 18,74 milhões de bitcoins foram criados até agora, atualmente valendo mais de seiscentos bilhões de dólares (junho de 2021). Embora um hack bem-sucedido da rede Bitcoin seja preocupante e destrua muita confiança, exigiria que pelo menos 51% do poder de mineração do Bitcoin estivesse concentrado em um proprietário ou conglomerado. Isso pode permitir que uma parte mal-intencionada gere novos blocos mais rapidamente do que os outros 49% dos mineradores, o que significa que teoricamente eles podem substituir o consenso. Mas tal ataque não pode roubar, redirecionar ou gastar bitcoin sem assinaturas. Os invasores só poderiam tentar gastar seu próprio bitcoin nos blocos mais recentes e causar interrupções de negação de serviço na criação de blocos futuros.

Além disso, se um ataque ao Bitcoin fosse bem-sucedido, a blockchain do Bitcoin se dividiria como já aconteceu várias vezes antes. Os participantes da rede podem optar por passar a oferecer suporte à cadeia 'nova' ou continuar a oferecer suporte à versão 'antiga' da cadeia. Essa divisão de versões devido a regras inerentes é conhecida como hard fork. O hard fork Bitcoin / Bitcoin Cash de 2017 provou que isso não seria prejudicial para a legitimidade do blockchain.

A segunda função principal da mineração é garantir a descentralização. Por um lado, tornar a criação de dinheiro independente de entidades centrais e apropriações de poder humano, como bancos centrais, e, por outro lado, garantir que nenhum minerador possa obter vantagem e manipular o blockchain. A tarefa de cálculo é difícil e, ao mesmo tempo, como em um sorteio, é uma questão de sorte qual computador encontrar uma solução válida primeiro. Como resultado, não é possível prever quem será o computador vencedor, o que impossibilita influenciar a blockchain. Se você não sabe quem será o primeiro, não pode manipulá-lo e ganhar a recompensa.

Se você está pensando em começar a usar bitcoin e está com receio, fique tranquilo porque a blockchain é protegido por mineração e distribuído de forma idêntica em milhares de computadores diferentes. É muito, muito seguro. Sua tarefa mais importante é auto-custódia de seu bitcoin e manter as chaves privadas (sua senha) seguras.

3.4 21 milhões de Bitcoin

Bitcoin são criados, conforme descrito nas páginas anteriores, quando um computador de mineração resolve uma tarefa computacional e é o primeiro a anexar com sucesso o bloco recém-cunhado à cadeia.

Atualmente, os mineradores recebem um prêmio de 6,25 bitcoin por este trabalho. Essa recompensa é o incentivo para os mineradores se comportarem positivamente em relação à rede Bitcoin e impedir que eles se associem a outros e ataquem a rede.

3.4.1 Halving

As regras do Bitcoin estipulam que a recompensa para os mineradores será reduzida pela metade a cada 210.000 blocos, aproximadamente a cada quatro anos. No início, essa recompensa era de 50 bitcoin. Desde maio de 2020 são 6,25 bitcoins. Em 2024, essa recompensa será reduzida pela metade em 3,125 bitcoins por bloco. Este evento é comumente chamado de Halving.

Satoshi Nakamoto codificou esses halvings no software Bitcoin Core. A quantidade produzida diminui ao longo do tempo, resultando em uma curva de oferta achatada.

Representação [26]

`bitcoin/src/validation.cpp:1238`

Código do intervalo Halving no software Bitcoin Core em C++

Andreas (BEWARE of giveaway scams!) @aanton... · May 4, 2020

The C++ code (in Bitcoin Core client) that will make the "bitcoin halving" happen

Constant values:
nSubsidyHalvingInterval = 210,000
nHeight (at the time) = 630,000
COIN = 100,000,000 (satoshi)

Find it in github.com/bitcoin/bitcoin

Explicação de Andreas M. Antonopoulos

Esse algoritmo tende a zero, de modo que haverá um máximo de 21 milhões de bitcoins. Atualmente, existem cerca de 18,7 milhões em circulação. Em 2140, todos os 21 milhões de bitcoins terão sido gerados. A mineração continuará e os mineradores serão recompensados apenas com taxas de transação. A essa altura, espera-se que o Bitcoin como rede tenha uma adoção tão alta que as taxas de transação por si só facilitem adequadamente a recompensa justa para os mineradores.

Representação [27]

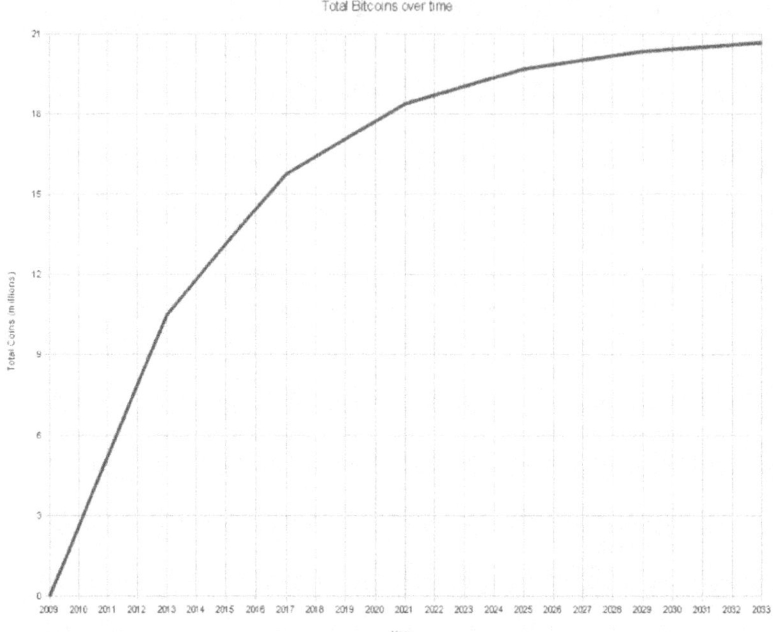

Fornecimento total de bitcoin ao longo do tempo

3.4.2 Por que 21 milhões?

Por que Satoshi Nakamoto escolheu 21 milhões para o limite de fornecimento? Existem muitas teorias, mas aqui está a resposta de Satoshi:

Representação [28]

My choice for the number of coins and distribution schedule was an educated guess. It was a
difficult choice, because once the network is going it's locked in and we're stuck with it. I wanted
to pick something that would make prices similar to existing currencies, but without knowing the
future, that's very hard. I ended up picking something in the middle. If Bitcoin remains a small
niche, it'll be worth less per unit than existing currencies. If you imagine it being used for some
fraction of world commerce, then there's only going to be 21 million coins for the whole world, so
it would be worth much more per unit. Values are 64-bit integers with 8 decimal places, so 1 coin
is represented internally as 100000000. There's plenty of granularity if typical prices become
small. For example, if 0.001 is worth 1 Euro, then it might be easier to change where the decimal
point is displayed, so if you had 1 Bitcoin it's now displayed as 1000, and 0.001 is displayed as 1.

Explicação de Satoshi Nakamoto para o limite de fornecimento de 21 milhões

3.4.3 Unidades de Bitcoin

A menor unidade de denominação de um bitcoin é um satoshi. 1 bitcoin
é composto por 100.000.000 satoshis; 1 satoshi é um centésimo milioné-
simo de 1 bitcoin (0,00000001).

Você não precisa comprar ou vender 1 bitcoin por vez, você pode começar com pouco e transacionar uma fração minúscula dele.

3.4.4 Bitcoin ou bitcoin, mas nunca BitCoin

Bitcoin com B maiúsculo é usado para se referir à rede Bitcoin, blockchain, comunidade e o conceito como um todo, enquanto bitcoin com b minúsculo é usado para referenciar a moeda, o token bitcoin.

Na verdade, moeda é o termo errado para descrever o ativo digital, é um pouco enganador. Em termos técnicos, é chamado de UTXO - saída de transação não gasta. Um UTXO define a quantidade de valor que é armazenada em um endereço Bitcoin específico. Portanto, há opiniões divergentes sobre se existe um plural para bitcoin, a unidade, porque é fluido e não há moedas individuais definidas. Mas como Satoshi Nakamoto falou de bitcoins, nós, como comunidade, também o nomeamos assim. Não há plural para Bitcoin, pois há apenas uma blockchain e uma rede.

Golpes como a rede BitClub se referiam a ela como BitCoin e isso também é usado erroneamente por iniciantes em Bitcoin.

3.5 Quem é Satoshi Nakamoto?

Este quebra-cabeça pode nunca ser resolvido porque não existe Satoshi Nakamoto. O nome é um pseudônimo. Pode ser um indivíduo ou um grupo de criptógrafos, programadores e cientistas. Em 18 de agosto de 2008, uma pessoa desconhecida registrou o domínio bitcoin.org. Ao registrar o domínio com a ajuda de uma empresa no Panamá, o anonimato da pessoa é protegido até hoje.

Em 1 de outubro de 2008, Satoshi Nakamoto apareceu na "Cryptography Mailing List" e explicou em uma mensagem que eles estavam trabalhando em um sistema de caixa eletrônico e postou o link para o white paper do Bitcoin em https://bitcoin.org/bitcoin .pdf https://bitcoin.org/bitcoin.pdf.

Hal Finney, um especialista americano em criptografia e computação, há muito estava envolvido no conceito de dinheiro digital. No entanto, nenhuma das soluções anteriores era técnica ou conceitualmente madura o suficiente para ser amplamente utilizada. As notícias de Satoshi

Nakamoto soaram tão interessantes que Hal Finney começou a se comunicar com Nakamoto. Em 3 de janeiro de 2009, Nakamoto minerou o primeiro bloco público de Bitcoin, o chamado "O Bloco Gênesis". Desde então, em 3 de janeiro, é comemorado o aniversário do Bitcoin.

Em 8 de janeiro de 2009, Nakamoto lançou a primeira versão do software Bitcoin.

Hal Finney foi o primeiro depois de Nakamoto a instalar o software em seu computador, ele twittou "Running Bitcoin" em 11 de janeiro de 2009 e recebeu uma transação. Hal Finney infelizmente morreu de uma doença nervosa algum tempo depois. Ele sabia quem estava escondido atrás do pseudônimo, Satoshi Nakamoto?

Até 26 de abril de 2011, Nakamoto participou de discussões sobre a rede Bitcoin - eles responderam perguntas de outros desenvolvedores, explicaram novos recursos do software e delinearam alguns motivos por trás dele. A última mensagem (possivelmente) deixada por Satoshi Nakamoto foi em março de 2014, quando uma reportagem sobre a suposta identificação do "inventor" do Bitcoin passou pela mídia. Em São Francisco, a revista Newsweek localizou Dorian Satoshi Nakamoto, um americano de ascendência japonesa. Foi alegado que ele era o cérebro por trás do Bitcoin. Com "Eu não sou Dorian Nakamoto", o suposto Satoshi Nakamoto anunciou que Dorian não era "o" Satoshi Nakamoto.

Notas

25 Anita Posch inspirada em Melanie Swan https://www.slideshare.net/lablogga/bitcoin-and-blockchain-explained-cryptocitizen-smartnetwork-trust

26 Fonte Andreas M. Antonopoulos https://twitter.com/aantonop/status/1257366095515848716?s=20

27 Fonte: Insti https://commons.wikimedia.org/wiki/File:Total_bitcoins_over_time.png

28 Fonte plan99.net https://plan99.net/~mike/satoshi-emails/thread1.html

4. Investir em Bitcoin?

Se você leu até aqui, já investiu tempo e energia para aprender sobre Bitcoin. Por que você deve ou não começar a usar o Bitcoin para si mesmo? Bem, eu aconselho você a não fazê-lo até ter certeza de que deseja experimentá-lo. Invista em Bitcoin apenas o quanto você entende e se sente confortável - apenas o quanto você está disposto a perder no pior cenário.

Quanto mais você conhecer e usar o Bitcoin, mais confiança você construirá. Pesquisei o tópico por três meses antes de instalar minha primeira carteira bitcoin e trocar meus primeiros 75 euros por bitcoin. Eu quero ajudá-lo a se decidir, então agora discutirei os argumentos mais comuns a favor e contra o Bitcoin.

4.1 Argumentos contra o Bitcoin

4.1.1 Volatilidade

Bitcoin é volátil, você não pode usá-lo como meio de troca.

Sim, o preço do bitcoin é volátil, pode perder ou ganhar muito valor em um único dia. Se você quiser pagar por algo em bitcoin, ainda poderá fazê-lo. Basta trocar o mesmo valor que você gastou em fiat de volta para bitcoin no mesmo dia. Sem volatilidade, sem perda ou ganho.

4.1.2 Desenvolvimento de preços

Bitcoin não é uma reserva de valor devido a suas mudanças de preço.

Veja o bitcoin como um investimento de longo prazo, ele tem sido a reserva de valor com melhor desempenho de todas as classes de ativos na última década.

Representação [29]

@CharlieBilello		Asset Class Total Returns over Last 10 Years (as of 3/13/21)											Data Source: YCharts	
ETF	Asset Class	2011	2012	2013	2014	2015	2016	2017	2018	2019	2020	2021 YTD	2011-21 Cumulative	2011-21 Annualized
N/A	Bitcoin ($BTC)	1473%	166%	5507%	-58%	35%	126%	1331%	-73%	95%	301%	109%	20037142%	230.6%
QQQ	US Nasdaq 100	3.4%	18.1%	36.6%	19.2%	9.5%	7.1%	32.7%	-0.1%	39.0%	48.6%	0.5%	541.3%	20.0%
SPY	US Large Caps	1.9%	16.0%	32.2%	13.5%	1.2%	12.0%	21.7%	-4.5%	31.2%	18%	5.4%	282.4%	14.0%
IWM	US Small Caps	-4.4%	16.7%	38.7%	5.0%	-4.5%	21.6%	14.6%	-11.1%	25.4%	20.0%	19.1%	244.7%	12.9%
VNQ	US REITs	8.6%	17.6%	2.3%	30.4%	2.4%	8.6%	4.9%	-6.0%	28.9%	-4.7%	7.9%	147.7%	9.3%
TLT	Long Duration Treasuries	34.0%	2.6%	-13.4%	27.3%	-1.8%	1.2%	9.2%	-1.6%	14.1%	18.2%	-13.5%	88.7%	6.4%
PFF	Preferred Stocks	-2.0%	17.8%	-1.0%	14.1%	4.3%	1.3%	8.1%	-4.7%	15.9%	7.9%	-0.6%	76.3%	5.7%
EFA	EAFE Stocks	-12.2%	18.8%	21.4%	-6.2%	-1.0%	1.4%	25.1%	-13.8%	22.0%	7.6%	4.6%	76.3%	5.7%
HYG	High Yield Bonds	6.8%	11.7%	5.8%	1.9%	-5.0%	13.4%	6.1%	-2.0%	14.1%	4.5%	-0.2%	71.0%	5.4%
LQD	Investment Grade Bonds	9.7%	10.6%	-2.0%	8.2%	-1.3%	6.2%	7.1%	-3.8%	17.4%	11.0%	-6.4%	69.4%	5.3%
EMB	EM Bonds (USD)	7.7%	16.9%	-7.8%	6.1%	1.0%	9.3%	10.3%	-5.5%	15.5%	5.4%	-5.8%	62.4%	4.9%
TIP	TIPS	13.3%	6.4%	-8.5%	3.6%	-1.8%	4.7%	2.9%	-1.4%	8.3%	10.8%	-2.1%	40.3%	3.4%
EEM	EM Stocks	-18.8%	19.1%	-3.7%	-3.9%	-16.2%	10.9%	37.3%	-15.3%	18.2%	17.0%	4.5%	39.8%	3.3%
BND	US Total Bond Market	7.7%	3.9%	-2.1%	5.8%	0.6%	2.5%	3.6%	-0.1%	8.8%	7.7%	-3.7%	39.5%	3.3%
GLD	Gold	9.6%	6.6%	-28.3%	-2.2%	-10.7%	8.0%	12.8%	-1.9%	17.9%	24.8%	-9.5%	16.4%	1.5%
BIL	US Cash	0.0%	0.0%	-0.1%	-0.1%	-0.1%	0.1%	0.7%	1.7%	2.2%	0.4%	0.0%	4.8%	0.5%
DBC	Commodities	-2.6%	3.5%	-7.6%	-28.1%	-27.6%	18.6%	4.9%	-11.6%	11.8%	-7.8%	18.5%	-34.9%	-4.1%
	Highest Return	BTC	BTC	BTC	VNQ	BTC	BTC	BTC	BIL	BTC	BTC	BTC	BTC	BTC
	Lowest Return	EEM	BIL	GLD	BTC	DBC	BIL	BIL	BTC	BIL	DBC	TLT	DBC	DBC
	% of Asset Classes Positive	65%	94%	41%	65%	41%	100%	100%	6%	100%	88%	47%	94%	94%

Bitcoin o melhor ativo nos 10 anos anteriores a 2021

É claro que não há garantia de que esse desempenho continuará para sempre.

No momento em que escrevo, o bitcoin estava em alta, que começou no último trimestre de 2020. Isso significa que o preço se valorizou por um período de semanas e meses com pequenos contratempos no meio. Em maio de 2021 ocorreu uma queda significativa, que muitos interpretaram como um revés saudável em um mercado superaquecido. A última corrida de touros começou em 2017 e terminou no início de 2018. Desde então, o preço se moveu relativamente de lado - como dizem os traders - o que significa que não houve nenhum grande movimento para cima ou para baixo no preço.

Representação [30]

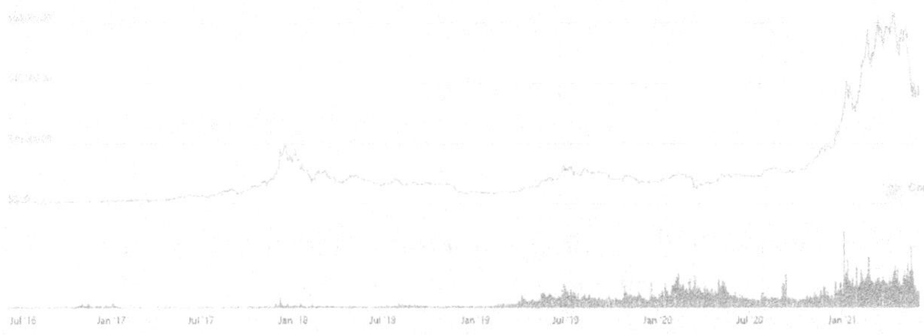

Desenvolvimento do preço do Bitcoin

O desenvolvimento do preço do Bitcoin está seguindo os ciclos de halving. Aproximadamente a cada 4 anos, a quantidade de bitcoin cunhado é reduzida em 50%. Isso significa que o crescimento do bitcoin disponível no mercado está diminuindo. Mesmo que a demanda por bitcoin permaneça apenas no mesmo nível, o preço aumentará.

4.1.3 Escassez Digital

A oferta total de bitcoin é limitada a 21 milhões, dos quais 18,7 milhões já estão no mercado. A cada quatro anos (exatamente 210.000 blocos), a quantidade de bitcoin que é cunhada é reduzida pela metade. Atualmente, o processo de mineração gera 6,25 bitcoins a cada 10 minutos, ou seja, 900 bitcoins por dia e 328.500 por ano. A partir de 2024, haverá apenas 450 bitcoins cunhados por dia, pois apenas 3,125 bitcoins serão emitidos para cada bloco gerado. Isso significa que a quantidade disponível a cada dia diminui e a oferta se torna mais escassa. Se o interesse do mercado aumenta ao mesmo tempo, o preço sobe exponencialmente.

Em maio de 2021, cerca de 36 milhões de dólares (número de bitcoins cunhados diariamente * preço) devem fluir para o mercado de Bitcoin todos os dias para manter o preço atual de 40.000 dólares estável. Sempre que o preço cai, menos bitcoins foram trocados do que estavam disponíveis naquele dia e vice-versa.

As datas dessas reduções estão anotadas no gráfico abaixo. O preço segue padrões semelhantes antes e depois de cada halving. Neste gráfico, o topo do bitcoin está previsto para setembro de 2021, após o qual o preço deve cair novamente, como você pode ver nas linhas de grade marcadas "Low". Claro, esta é apenas uma previsão baseada em alguns eventos e números históricos. Não podemos tomar isso como uma ocorrência certa no futuro.

Representação [31]

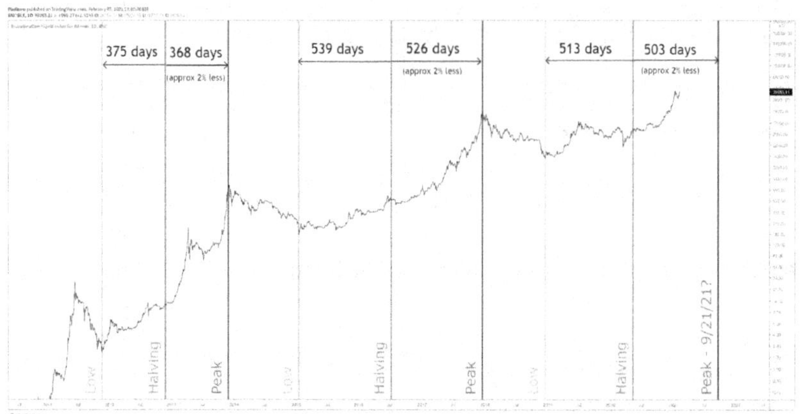

Ciclos de preço do Halving

Desde o lançamento do Bitcoin em 2009, houve várias quedas de preços. Esteja preparado para que isso aconteça novamente. A questão é quão baixo ele vai porque em uma escala logarítmica você pode ver que, com o tempo, o bitcoin só ganhou valor no longo prazo.

Representação [32]

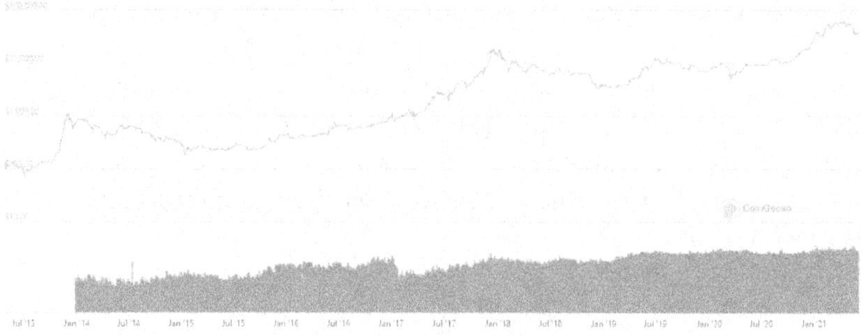

Escala logarítmica do preço do Bitcoin

Não tente enganar o mercado, não negocie. Apenas segure seu bitcoin. Pelo menos por cinco anos.

No caso de um mercado em baixa, quando o preço do bitcoin inevitavelmente cair, você perderá valor em termos de moeda fiduciária. No entanto, sua pilha de bitcoins permanece a mesma. Se você possui 0,3 bitcoin em um mercado em alta, você também possui 0,3 bitcoin em um mercado em baixa. Suas perdas estão apenas em sua percepção, dependendo de qual moeda ou ativo você compara seu bitcoin em um determinado dia. Seja paciente, espere, não venda - a história indica que a visão de longo prazo é a maneira segura de proteger seu valor.

Apenas coloque tanto dinheiro em bitcoin quanto você está disposto a perder. Se você não consegue dormir em tempos de depreciação, não pode ter um ativo arriscado como o bitcoin.

4.1.4 Sem recurso

Se você enviar bitcoin para o endereço errado, eles serão perdidos. Você não pode recuperá-los.

Verifique o endereço três vezes antes de enviar bitcoin. Você não pode reverter um pagamento. Assim como acontece com o dinheiro fiduciário, se você comprar algo em uma loja online e devolver o produto, é responsabilidade comercial da loja lidar com o bitcoin e enviá-lo de volta para você. No entanto, um simples erro de digitação de um endereço deve resultar em um erro em vez de perda de fundos, pois os endereços incluem verificações de integridade.

4.1.5 Sem uma rede segura

Nas regiões desenvolvidas do mundo, os depósitos em contas bancárias (na Europa até 100.000 euros) são segurados. Este não é o caso do bitcoin.

Está correto. Se você faz auto-custodia do seu bitcoin então você é o único responsável. Não há seguro. Mas esteja ciente de que, no caso de uma grande crise financeira, esses seguros fiduciários podem não ser capazes de pagá-lo de volta também. Durante a crise financeira em Chipre em 2013, 47,5% de todos os depósitos bancários acima de 100.000 euros foram apreendidos. Se você faz auto-custódia - ninguém pode apreender seu bitcoin.

Se abrirmos os olhos e pensarmos no resto do mundo, onde 2 bilhões de pessoas não têm conta bancária e 80% da população mundial vive em estados autoritários, o caso de um dinheiro não censurável como o bitcoin, onde você está no controle e não um banco, faz sentido lógico novamente. Nesses países, onde as pessoas não têm nenhuma rede de segurança, a rede Bitcoin pode oferecer segurança.

4.1.6 Não posso investir

Não consigo comprar um bitcoin, é muito caro.

Tudo bem, você não precisa. Não há orçamento mínimo necessário para usar bitcoin. Um bitcoin é divisível em unidades extremamente pequenas, muito menores que um centavo. Você pode comprar uma fração de bitcoin e começar a brincar com 20 dólares ou menos.

Você também pode ganhar bitcoin, mas vou falar mais sobre isso no capítulo "Ganhar Bitcoin".

4.1.7 Bitcoin falhará como as primeiras empresas da Internet

Bitcoin é uma nova tecnologia. É o primeiro de seu tipo. Quando comparamos isso com as primeiras empresas de computadores na década de 1980 ou com as plataformas de internet do boom das pontocom, quase nenhuma sobreviveu. Bitcoin foi o primeiro blockchain do mercado, pode seguir o mesmo caminho.

Bitcoin tem sido a criptomoeda mais usada no mundo desde que se originou em 2009. Concordo, não há garantias de que continuará assim. O domínio de mercado do Bitcoin era superior a 80% até 2017. O que significa que, de todos os milhares de criptomoedas no mercado, mais de 80% de todos os investimentos foram realizados em Bitcoin. Isso mudou em 2017-18, quando houve uma "guerra" entre diferentes ideias sobre como o Bitcoin como tecnologia deveria avançar. O debate sobre o tamanho do bloco terminou com um hard fork, onde o blockchain do Bitcoin se dividiu em dois forks: Bitcoin (BTC) e Bitcoin Cash (BCH). Naquela época, outros projetos de criptomoedas como o Ethereum ganharam importância. Quatro anos depois, o BCH caiu constantemente em insignificância em comparação com o BTC. O Bitcoin manteve seu domínio com mais de 60% até a atual corrida de touros, onde caiu para 40% no momento da redação. Uma corrida de touros resulta em mais atenção do mainstream, o que leva a muitos artigos de mídia desinformados e, quando certos bilionários adicionam rumores e especulações à mistura, as altcoins são colocadas em foco.

Representação [33]

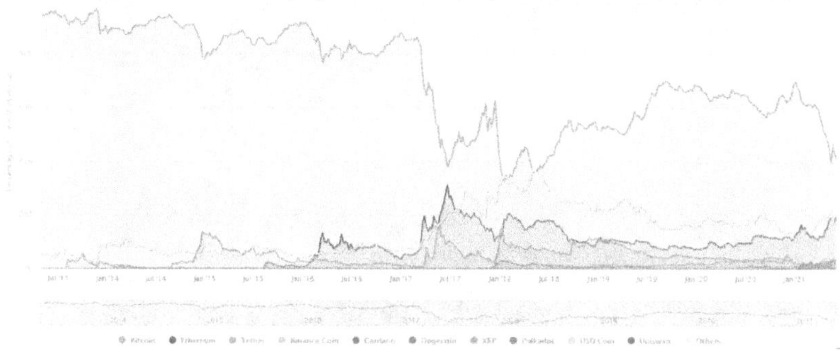

Porcentagem da capitalização de mercado total

O ressurgimento do domínio do Bitcoin após o momento crítico do hard-fork em 2017 foi um sinal de força para muitos especialistas como a macroeconomista Lyn Alden e o investidor americano Michael Saylor, o que os levou a acreditar no potencial futuro do Bitcoin como vencedor-leva-tudo das criptomoedas. E mesmo que houvesse inovações tecnológicas nas altcoins que as impulsionassem a frente do Bitcoin, não há dúvida de que os desenvolvedores do Bitcoin as implementariam também.

4.1.8 Bitcoin falhou

Existem apenas alguns usuários de Bitcoin. Após 12 anos de existência, muito mais pessoas deveriam usar o Bitcoin. O Bitcoin falhou.

Como o uso do Bitcoin, em princípio, não está vinculado a identidades, não é estatisticamente possível saber quantas pessoas realmente usam o Bitcoin. Além disso, o número de endereços Bitcoin não nos dá ideia de quantas pessoas o usam. Uma pessoa pode ter milhões de endereços ou, no caso do bitcoin em exchanges centralizadas, milhares de pessoas podem ser gerenciadas por apenas um grande endereço de custódia.

Essas exchanges centralizadas precisam verificar sua identidade antes que você possa converter fiat em bitcoin. A estatística a seguir mostra que mais de 101 milhões de pessoas em todo o mundo têm conta em exchanges. As pessoas que conseguiram obter algum bitcoin nos primeiros dias, ou operam fora dos limites das exchanges centralizadas, não foram contabilizadas.

Representação [34]

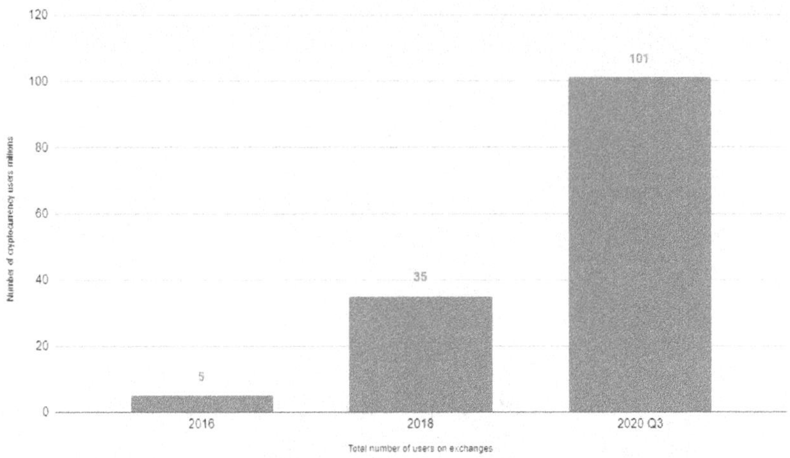

Número de usuários de ativos de criptografia com identidade verificada em milhões

Cerca de 1,3% da população mundial tinha conta em uma exchange de criptomoedas no final de 2020, um crescimento de quase 190% entre 2018 e 2020. Ainda assim, pode-se argumentar que isso não é muito. No entanto, para uma classe de ativos completamente nova e dinheiro que se originou como um movimento de base sem uma empresa ou marketing por trás dele, o Bitcoin se desenvolveu a ponto de ser amplamente conhecido, discutido e usado por mais de 100 milhões de pessoas em todo o mundo.

Representação [35]

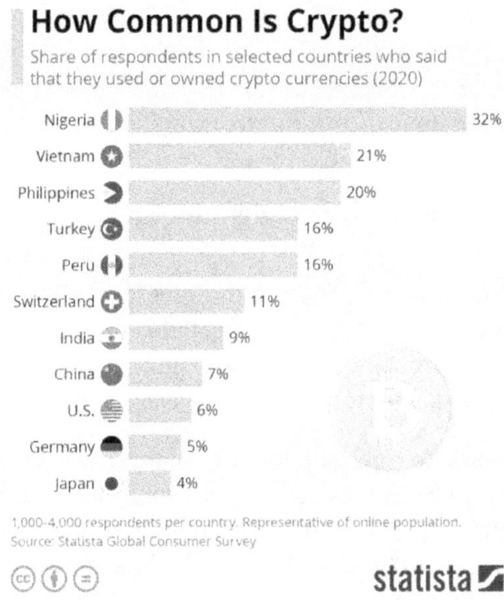

Respondentes que disseram que usaram ou possuíam criptomoedas em 2020

Este é o resultado de uma pesquisa em países selecionados mostrando que 32% da população nigeriana usou ou possui criptomoeda. Lembre-se de que a população nigeriana tem, em média, 19 anos, em comparação com os 38 dos EUA e a idade média da Alemanha de 44 anos. Eles são jovens, querem trabalhar, são conhecedores de tecnologia e valorizam as criptomoedas, apesar de sua volatilidade, porque sua própria moeda nacional Naira está perdendo 25% de seu valor por ano.

Quer saber mais sobre Bitcoin na Nigéria, abra seu navegador e acesse: https://anita.link/88, https://anita.link/66 e https://anita.link/63

4.1.9 Limite de transações do Bitcoin

A rede Bitcoin só é capaz de processar sete transações por segundo. Isso não é suficiente para manter uma rede global de pagamentos. Se todas as pessoas estivessem usando Bitcoin, a rede ficaria sobrecarregada.

A Lightning Network está em desenvolvimento desde o início de 2018. Este é um protocolo que está localizado um nível acima do blockchain do Bitcoin. Espera-se que a Lightning Network lide com milhares de micro-pagamentos por segundo em alguns anos e já mostrou um bom grau de sucesso para pagamentos instantâneos entre continentes. A blockchain do Bitcoin será usada como camada base de liquidação para grandes transações, enquanto pequenos pagamentos por um café, por exemplo, ocorrerão na Lightning Network. Como usuário, você não precisa saber como isso funciona. A maioria de nós não sabe como funciona o Netflix ou o envio de um e-mail e, no entanto, fazemos isso todos os dias.

4.1.10 Concentração do pool de mineração

Um pool de mineração é uma estrutura que "agrupa" recursos computacionais fornecidos por hashers conectados (contribuidores do pool) para aumentar a probabilidade de encontrar um novo bloco, o que resulta em mais pagamentos de recompensas de bitcoin.

Embora seja verdade que os pools de mineração possam se concentrar em áreas ou jurisdições específicas, como na China antes de seu governo autoritário proibir a mineração de Bitcoin em junho de 2021, eles ainda têm menos influência do que você imagina. Em primeiro lugar, os pools de mineração consistem em milhares de mineradores individuais. Só porque um pool de mineração está localizado na China não significa que o minerador individual deva estar localizado na China. Os hashers querem garantir que o pool para o qual contribuem esteja engajado em um comportamento alinhado à filosofia do Bitcoin. Em caso de desacordo, os mineradores são livres para trocar de pool. Em 2013, o pool de mineração de Bitcoin GHash.io atingiu mais de 50% do hashrate total do Bitcoin por um curto período, o que levou os hashers a apontar proativamente seu poder de hash para outros pools, a fim de evitar uma concentração potencialmente prejudicial. O baixo custo para trocar de pool atua como um sistema de freios e contrapesos sobre o comportamento autorregulador dos mineradores. [36]

Representação [37]

Visão global das regiões de mineração de Bitcoin. Regiões com grandes regiões relevantes mostradas em azul-petróleo, Sichuan em azul e regiões menores restantes em preto

38

A ramificação, o hard-fork de 2017, entre Bitcoin e Bitcoin Cash é um segundo exemplo de como o Bitcoin é autorregulado. Mineradores e grandes exchanges queriam aumentar o tamanho do bloco de cada bloco Bitcoin para obter um maior número de transação por bloco. A comunidade de operadores de nós e usuários de Bitcoin não queria alterar o tamanho do bloco porque pessoas com menor largura de banda seriam prejudicadas. Em vez disso, eles optaram por soluções de 2ª camada, como a Lightning Network, para resolver esse problema. Isso resultou na "guerra dos blocos", onde mineradores e grandes empresas tentaram forçar as mudanças na rede. Isso resultou em um hard-fork: Bitcoin dividido em Bitcoin e Bitcoin Cash. Quatro anos depois, o Bitcoin Cash está quase esquecido, enquanto o Bitcoin é a maior criptomoeda. Isso mostra que os mineradores não têm mais poder do que outros usuários.

4.1.11 Pegada Ecológica do Bitcoin

Bitcoin consome muita eletricidade, o que aumentará nossa crise climática e é irresponsável.

Representação [39]

Artigo da Newsweek de 2017

A captura de tela acima é um artigo da Newsweek bem no meio da alta de 2017-2018. É baseado no trabalho de Alex de Vries (Digiconomist), ex-analista de dados do Banco Central Holandês. Muitos trabalhos de pesquisa e artigos da mídia tradicional são baseados em falsas suposições, como comparar o consumo de energia das transações Bitcoin com os pagamentos VISA e calcular uma pegada de carbono a partir disso. Argumento que muito desse trabalho é feito para espalhar alegações falsas para demonizar o Bitcoin.

> "Toda vez que temos um rali no Bitcoin, vemos toda essa atenção negativa ao impacto ambiental do Bitcoin. Aparentemente, só importa quando o preço está alto." - **Andreas M. Antonopoulos**

Vamos mergulhar nisso. Os críticos do Bitcoin costumam mencionar que o Bitcoin consome mais energia do que os benefícios que cria. É inegável que a mineração de Bitcoin requer muita eletricidade. Estima-se que entre 80 e 118 TWh por ano sejam usados globalmente para mineração, o que equivale a todo o consumo de energia de países como a Holanda.

Representação [40]

Classificação do país, março de 2021

O mundo desperdiça muita eletricidade. A quantidade de eletricidade consumida todos os anos por dispositivos domésticos sempre ativos, mas inativos, apenas nos EUA, poderia alimentar a rede Bitcoin por 1,9 anos. Isso significa que a quantidade de energia desperdiçada nos EUA quase poderia alimentar a rede Bitcoin duas vezes, ano a ano. [41]

Ao mesmo tempo, perdem-se dois terços de toda a energia produzida nos EUA. É razoável supor que isso esteja acontecendo em todas as outras partes do mundo também.

Representação [42]

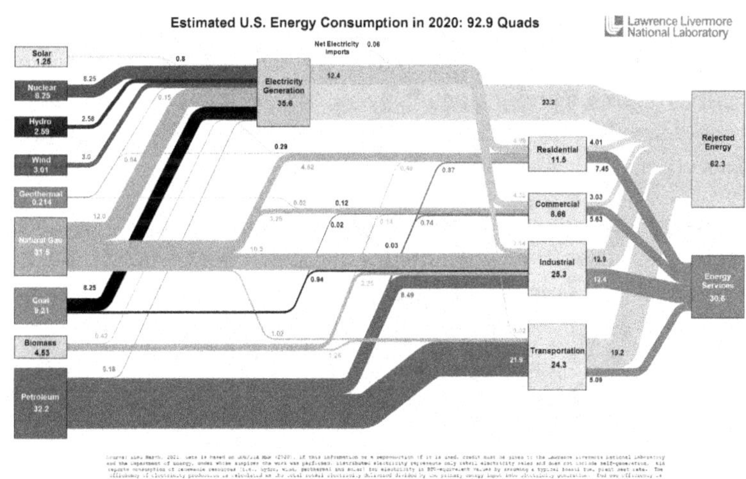

Consumo de energia estimado dos EUA em 2017 - Energia rejeitada

Observe que a energia rejeitada é cerca de 62% de toda a geração de eletricidade. A energia rejeitada é a energia que é produzida, mas, em última análise, não vai para algo útil. Para piorar a situação, ao longo do tempo, esse número vem aumentando de forma relativa. Em 1970, o Lawrence Livermore National Laboratory descobriu que nossa proporção de energia rejeitada era de cerca de 48%. [43]

Em outras palavras, o Bitcoin é responsável por 0,54% de toda a eletricidade usada globalmente.

Representação [44]

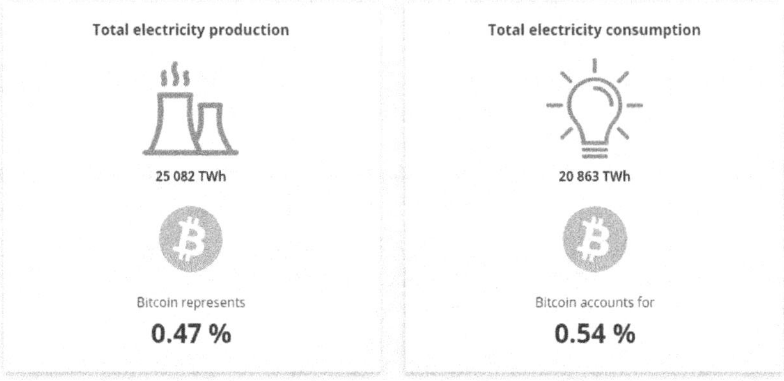

Produção total de eletricidade do mundo, consumo e participação do Bitcoin, março de 2021

Consumo de eletricidade é fácil de quantificar

A transparência do Bitcoin permite estimativas de sua demanda de energia em contraste com muitas outras indústrias, onde esses dados são mais obscuros. Medido apenas pelos custos de eletricidade, podemos supor que o Bitcoin é muito mais eficiente do que os bancos tradicionais e a mineração de ouro em escala global.

O custo estimado em dólares da mineração de Bitcoin por Gigajoule gasto é 40 vezes mais eficiente do que o dos bancos tradicionais e 10 vezes mais eficiente do que o da mineração de ouro.

Representação [45]

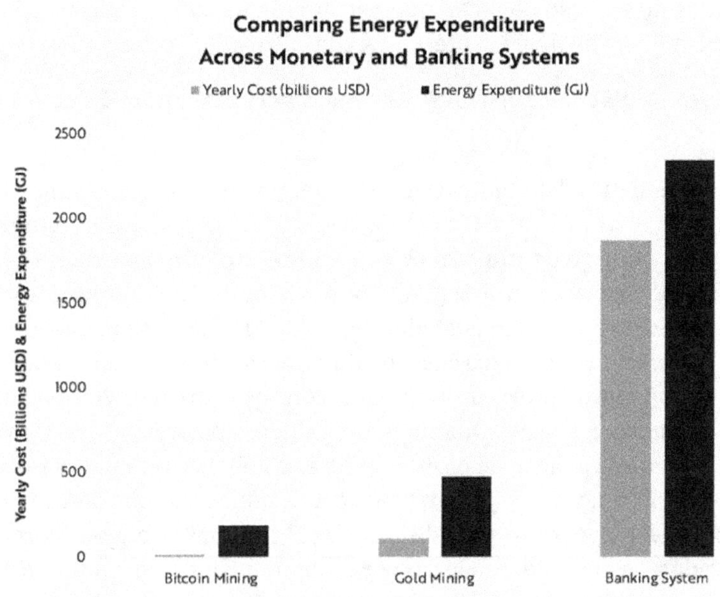

Comparação de gastos de energia entre sistemas monetários e bancários

Por que o Bitcoin precisa dessa quantidade de eletricidade

O mecanismo de mineração de prova de trabalho é um recurso fundamental que garante a independência, neutralidade e integridade automatizada da rede. É a maneira mais segura de evitar ataques ao valor de mais de 600 bilhões de dólares que estão bloqueados na rede. (valor de mercado do BTC, junho de 2021)

Bitcoin pode liquidar transações sem intermediários porque hardware especializado e dedicado prova de forma transparente que o computador executou um cálculo caro.

A prova de trabalho está ancorando o dinheiro digital no mundo real. Como Hugo Nguyen, residente da Chaincode Labs, explica: "Nos bastidores, a mineração de prova de trabalho converte energia cinética (eletricidade) em um bloco de registro. Ao anexar energia a um bloco, dá-se 'forma', permitindo que ele tenha peso real e consequências no mundo físico." [46]

A prova de trabalho também é o único mecanismo que permite uma criação descentralizada e igualmente distribuída do fornecimento de moedas, enquanto outros métodos exigem emissões iniciais de token e eventos de geração de token que permitem que atores centralizados tirem vantagem de moedas pré-mineradas (Prova de Participação).

Suposição 1: São necessários X Kilowatts para fazer uma única transação

Isso é matemática defeituosa. O uso de energia do bitcoin não se ajusta ao número de transações. O número de transações que acontecem na cadeia e o número de transações que acontecem fora da cadeia - por exemplo, em tecnologias de segunda camada como a Lightning Network ou por meio de exchanges custódiantes, essas transações em lote - não estão correlacionadas com o custo de mineração. 80-90% da mineração é impulsionado pelo preço do bitcoin, com os outros 10-20% sendo impulsionados por taxas. Quanto maior o lucro possível para os mineradores, maior a chance de os mineradores estabelecerem novas instalações de mineração e, quando o preço cair, alguns terão que parar suas máquinas. A longo prazo, quando todos os 21 milhões de bitcoins forem minerados, as taxas de transação por si só impulsionarão a mineração. Nesse ponto, a intensidade da transação estará mais correlacionada ao uso de energia. Mas não hoje, o último satoshi será extraído em 2140. A mineração é impulsionada pela competição em um mercado livre onde a dificuldade de mineração se ajusta dinamicamente. Não tem nada a ver com quantas transações estão sendo processadas. A mineração é um mecanismo de segurança. Está relacionado a quanta segurança o mercado aloca ao sistema, então mais energia é igual a mais segurança e quando o preço do bitcoin sobe a quantidade de dinheiro alocada para protegê-lo também aumenta naturalmente. Portanto, o uso e a maior adoção geram motivação financeira adicional para os mineradores produzirem mais segurança consumindo mais energia.

Suposição 2: Extrapolação Linear

A segunda suposição errada é extrapolar linearmente e dizer que, se são necessários X quilowatts de energia para fazer uma transação hoje e temos sete bilhões e meio de pessoas no planeta que vão querer fazer uma transação por dia cada, então a energia do bitcoin o consumo no futuro será Y. Isso é falso. O Bitcoin não pode escalar linearmente em termos de transações devido a restrições de tamanho de bloco na camada base. Para mitigar isso, são desenvolvidos protocolos de segunda camada como a Lightning Network ou sidechains como o Liquid, que permitem milhares de pagamentos sem a necessidade de energia extra. A eficiência dos equipamentos de mineração está aumentando. Os mineradores precisam de menos energia para a mesma quantidade de desempenho de computação ao longo do tempo. Além disso, os desenvolvedores do

Bitcoin estão melhorando o código, minimizando o tamanho dos dados das transações para que mais transações possam ser extraídas em um bloco.

Suposição 3: Comparando VISA com Bitcoin

Uma transação Bitcoin on-chain não pode ser comparada com um pagamento VISA. Não é a mesma coisa. No banco tradicional, existem várias camadas de liquidação, o que significa que diferem em seu nível de segurança e finalização. Tomemos o exemplo do sistema dos EUA, que é comparável globalmente. A camada base são as redes Fedwire, CHIPS e SWIFT, enquanto os pagamentos com cartão de débito e cartão de crédito operam um ou dois níveis acima com muitos intermediários. A camada base do Bitcoin deve ser comparada com Fedwire, CHIPS e SWIFT. Apenas soluções de segunda camada, como micropagamentos rápidos na Lightning Network, podem ser comparadas com a VISA.

Representação [47]

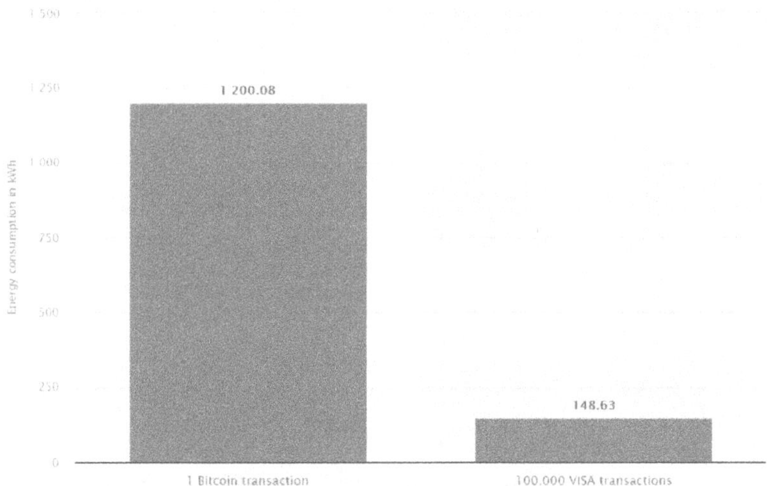

Falsa comparação entre uma transação bitcoin e VISA

Vamos dar uma olhada no volume médio de transações de VISA e Bitcoin.

Representação [48]

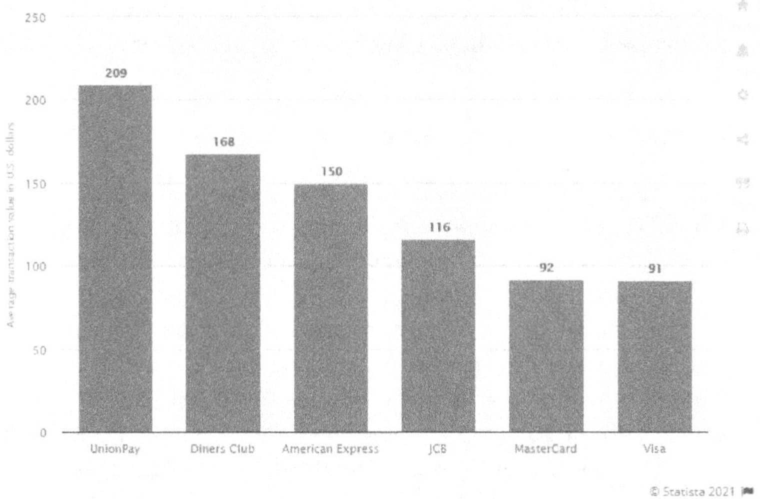

Valor médio de uma única transação com cartão de crédito em todo o mundo em 2012, USD

Representação [49]

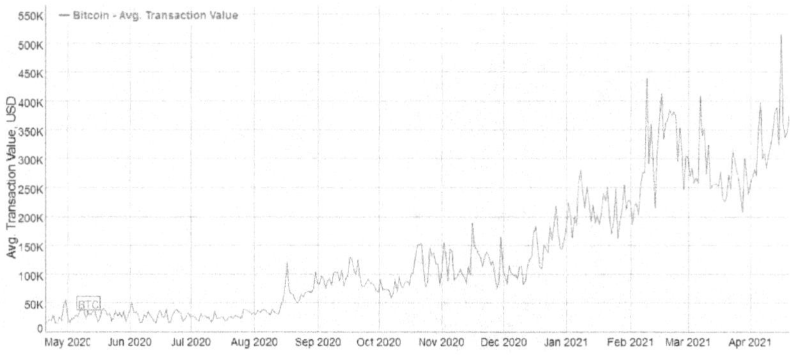

Valor médio de uma única transação Bitcoin

O valor médio de transação de bitcoin foi de 258,76 dólares em 21 de abril de 2021, enquanto a transação média de VISA foi de 91 dólares em 2021. As transações de Bitcoin transportam muito mais valor em comparação com pagamentos com cartão de crédito. Supondo que o Bitcoin ganhe adoção em massa, então ele pode um dia liquidar milhões de dólares como o sistema Fedwire com taxas muito baixas em comparação com o sistema bancário.

O valor médio da transação por transferência Fedwire foi de 4,5 milhões de dólares em fevereiro de 2021. [50]

Representação [51]

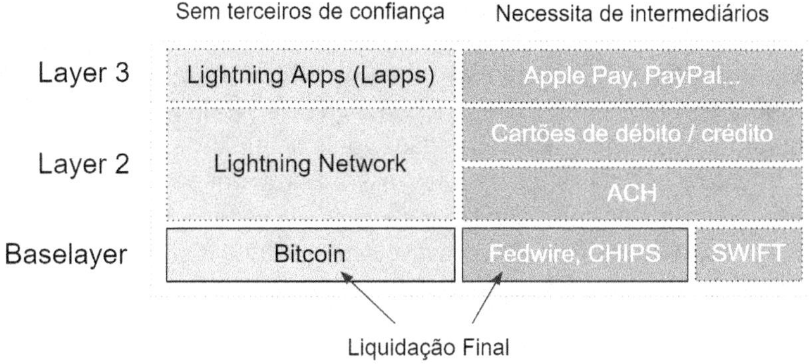

Liquidação de transações bancárias versus Bitcoin

As transações de Bitcoin são liquidadas a cada 10 minutos, 24 horas por dia, 365 dias por ano. Compare isso com as transações ACH que podem levar até dois anos para serem finalmente liquidadas.[52] Para não esquecer: as transações Bitcoin e Lightning são sem permissão e sem confiança, enquanto o sistema de pagamento tradicional só funciona porque os intermediários assumem a custódia de fraudes e estornos.

Suposição 4: Igualando o Consumo de Energia à Poluição

As pessoas dizem, por exemplo, que "toda transação polui" ou "a poluição do bitcoin está aumentando" ou "o bitcoin produz poluição como resultado de seu consumo de energia" – isso simplesmente não é verdade. Não há correlação direta entre o uso de energia e a poluição porque depende inteiramente do tipo de energia que está sendo usada. Se você está produzindo energia com carvão, isso causa poluição e impacto ambiental. Se você está produzindo energia com represas hidrelétricas ou eólica ou solar, por exemplo, então você não está realmente poluindo. Na verdade, você está subsidiando esses mecanismos de energia e incentivando a criação de mais energia solar, eólica, geotérmica, sem gás e outras formas de energia através da aplicação do bitcoin como fator econômico na produção dessa energia.

Os mineradores de Bitcoin são movidos pelo lucro, então eles sempre procurarão a energia mais barata, que é renovável. Carvão e petróleo sempre serão mais caros do que energia hidrelétrica, geotérmica, gás encalhado, eólica e solar. Sem esquecer a nuclear, que também é uma opção que muitos contam como energia verde.

Indiscutivelmente, os mineradores de Bitcoin estão usando energia desperdiçada. Falei com Sébastien Gouspillou https://anita.link/103 e Philippe Bekhazi https://anita.link/101 dois mineradores que usam energia hidrelétrica, que confirmaram as declarações acima.

Mix de Energia da Produção de Eletricidade

Os mineradores de Bitcoin estão bem distribuídos em todo o mundo. Embora seja fácil quantificar a demanda de eletricidade, é mais difícil quantificar as fontes de eletricidade, pois a indústria de mineração de Bitcoin continua sendo uma indústria altamente privada e pseudônima. Portanto, pesquisas sobre a eletricidade usada na mineração estimam que o uso de energia renovável varia de 39% (Cambridge Center, CBECI.org) a 73% no CoinShares Mining Whitepaper, que conclui:

"Usando uma combinação de estimativas de locais de mineração globais e penetrações regionais de energias renováveis, calculamos novamente que a indústria de mineração de Bitcoin é fortemente impulsionada por energias renováveis. Nossa porcentagem atual aproximada de geração de energia renovável no mix de energia de mineração de Bitcoin é de 73%, cerca de quatro vezes a média global. No geral, nossas descobertas reafirmam nossa visão de que a mineração de Bitcoin está atuando como um comprador global de eletricidade de último recurso e, portanto, tende a se agrupar em torno de infraestruturas renováveis comparativamente subutilizadas. À medida que a indústria amadurece e se estabelece como permanente aos olhos do público - poderia atuar como um impulsionador de novos desenvolvimentos de energias renováveis em locais que antes eram antieconômicos." [53]

A questão não é quanta energia é necessária, mas como a eletricidade é produzida? Quanto CO2 é emitido? Se decidirmos como sociedade que não queremos energia poluente, devemos regular a produção de energia e não permitir o uso de sistemas poluentes. Trata-se de regular a produção de energia e não de regular o consumo de energia em um setor específico da economia que é o Bitcoin.

O Bitcoin usa uma quantidade maior de eletricidade de fontes renováveis do que a rede na China, nos EUA e no mundo em geral.

Representação [54]

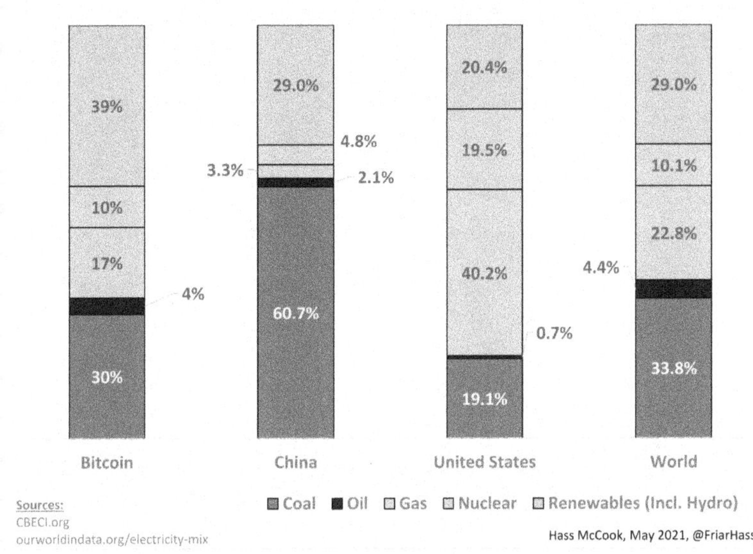

Electricity Mix, Bitcoin vs. China vs. EUA vs. The World, 2020

Emissões de carbono

Algumas pesquisas tentaram avaliar os fluxos de emissão de carbono e a sustentabilidade do Bitcoin por meio da estimativa da demanda futura, com base em suposições falsas. Um artigo, por exemplo, afirma que: "o consumo anual de energia da blockchain Bitcoin na China deve atingir o pico em 2024 em 296,59 Twh e gerar 130,50 milhões de toneladas métricas de emissão de carbono correspondentemente". [55]

> "É uma bandeira vermelha imediata que os autores declaram com confiança o futuro gasto de carbono do Bitcoin com duas casas decimais, quando realisticamente o número só pode ser estimado dentro de uma ordem de magnitude.", afirma **Nic Carter**. [56]

Com base no trabalho de Hass McCook Bitcoin emite menos de 2% do complexo militar-industrial do mundo e menos de 5% das emissões de carbono do setor financeiro legado. As emissões globais anuais de gases de efeito estufa são de aprox. 50.000 milhões de toneladas de dióxido de carbono equivalente. O Bitcoin emite apenas 0,11% deles.

Representação [57]

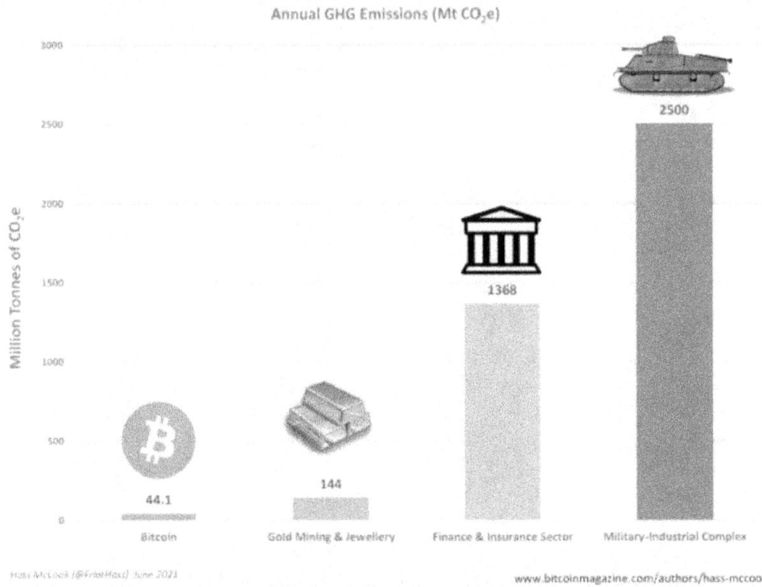

Emissões anuais de gases de efeito estufa, Hass McCook, junho de 2021

Suposição final: Bitcoin não é útil, portanto, qualquer uso de energia para um Bitcoin é um desperdício

Se você decidir que o Bitcoin não é útil, então esta é uma opinião muito subjetiva. Bitcoin pode não fazer sentido para você, mas pode fazer sentido para muitas outras pessoas. Se você está argumentando, você deve concordar que existem muitas outras formas de uso de energia que são inúteis ou mesmo prejudiciais em seu uso, e elas não recebem a mesma quantidade de escrutínio.

Podemos acender bilhões de luzes de Natal todos os anos para exibir o espírito natalino, o que pode ser completamente inútil para bilhões de pessoas de outras crenças. O uso número um de energia nos Estados Unidos, por exemplo, fora dos mercados civis é o Departamento de Defesa. O governo dos EUA usa enormes quantidades de energia e é o maior poluidor do país, sem dúvida por nenhuma razão legítima além de buscar controle extremo.

Representação [58]

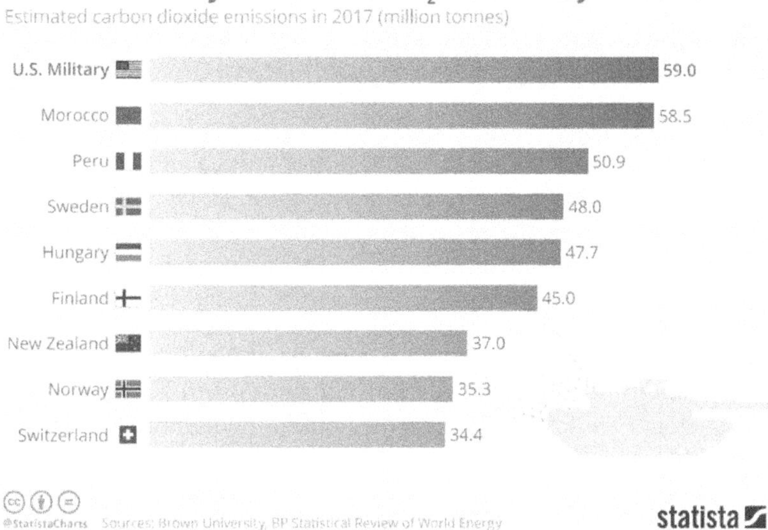

As forças armadas dos EUA emitem mais CO2 do que muitas nações

Isso nos leva de volta ao capítulo sobre o petrodólar, a ligação entre o dólar americano e a OPEP, que torna os EUA a potência globalmente dominante e é garantido pelos militares dos EUA e pelas guerras na região do Golfo.

A máquina de guerra é uma coisa útil para se ter em nossa sociedade? Antes de gritar "Whataboutism!", diga que está comparando duas coisas diferentes e exija que devemos reduzir o uso da máquina de guerra, bem como o uso de bitcoin, não esqueça que está faltando um elo muito importante. A máquina de guerra em todo o mundo é financiada diretamente pela dívida fiduciária que é produzida e paga através da inflação que é habilitada através do banco central descontrolado que imprime dinheiro, que no final você, o contribuinte, está pagando. Bitcoin não é apenas uma solução para uma economia aberta, é uma solução que restringe os governos de produzir moeda a taxas irracionais e usar a inflação como uma forma oculta de tributação para financiar a máquina de guerra, que em última análise polui e danifica mais do que qualquer outra coisa existente . Bitcoin não é simplesmente um substituto para a atividade econômica geral, é também um controle direto sobre a máquina de guerra que polui e usa muito mais energia simplesmente para matar pessoas. Então, na minha opinião, essas duas coisas estão intimamente ligadas. Mas isso é apenas a opinião de Andreas M. Antonopoulos e minha.

Conclusão: Os Benefícios do Bitcoin

Falei com alguém que foi salvo da fome na Venezuela entre 2016 e 2019 graças ao Bitcoin. Bitcoin literalmente salva vidas! O que pode ser mais útil do que isso?

O Bitcoin é incensurável, incorruptível e permite que bilhões de pessoas tenham acesso aberto a um sistema monetário global, independentemente de cor, gênero, riqueza e status. Além disso, é nossa única chance de garantir a privacidade financeira, ou pelo menos o pseudônimo, em um mundo de vigilância digital.

A rede Bitcoin protege ativos para cerca de 100 milhões de usuários globalmente, no valor de mais de 600 bilhões de dólares (junho de 2021) sem qualquer limite superior e não depende de poder militar ou guerras cambiais.

Aqui está uma conclusão, conforme colocado pela ARK Invest: "Ao contrário do pensamento consensual, acreditamos que o impacto ambiental da mineração de bitcoin é minimo. As energias renováveis, particularmente a energia hidrelétrica, representam uma grande porcentagem do mix de energia do bitcoin. Nic Carter, observou que, em sua busca pela forma mais barata de eletricidade, os mineradores continuarão a migrar para regiões que oferecem excesso de eletricidade renovável, desbloqueando ativos de energia ociosos como 'compradores de eletricidade de último recurso, criando uma demanda base altamente móvel para quaisquer fontes de eletricidade capazes de produzir a preços inferiores aos dos produtores atuais, independentemente da localização.». Como resultado, do ponto de vista climático, a mineração de bitcoin pode ser um resultado líquido positivo." [59]

4.2 Argumentos a favor do Bitcoin

"Bitcoin é um sistema opt-in. Você escolhe usá-lo. Você escolhe quais aplicativos você vai rodar. Você escolhe com quem você vai interagir. Você escolhe as regras do jogo pelo qual você vai interagir. É por isso que o bitcoin vai vencer. Ele oferece a inovação que os consumidores querem e precisam." - **Andreas M. Antonopoulos**

4.2.1 Uma mudança de paradigma

Eu sou um indivíduo nativo digital em um corpo da Geração X. Eu me lembro da vida sem internet, mesmo sem videocassete. Tínhamos uma estação de TV na Áustria, era isso. Meus pais ganharam nosso primeiro telefone fixo quando eu tinha 12 anos. Aos 14 usei meu primeiro computador, em 1997 instalei minha primeira conexão com a internet e e-mail em casa. Naquele mesmo ano, havia apenas 1 milhão de sites globalmente e Google e Amazon não existiam internacionalmente.

Muita gente descartou a internet como uma tendência que iria embora. Em 1995, o astrônomo e autor norte-americano Clifford Stoll escreveu um artigo para a Newsweek intitulado "A Internet? Bah!"

> "Depois, há o cibernegócio. Prometem-nos compras instantâneas por catálogo - basta apontar e clicar para obter grandes ofertas. Compramos passagens aéreas pela rede, fazemos reservas em restaurantes e negociamos contratos de vendas. As lojas se tornarão obsoletas. O shopping faz mais negócios em uma tarde do que toda a Internet lida em um mês? Mesmo que houvesse uma maneira confiável de enviar dinheiro pela Internet - o que não existe - a rede está perdendo um ingrediente essencial do capitalismo: vendedores." - **Clifford Stoll** [60]

Avançando para 2019 e a Amazon está entre as dez maiores empresas do mundo, o Google e o YouTube são os maiores mecanismos de pesquisa e existem 1,8 bilhão de sites ativos. Meu primeiro contato com Bitcoin e blockchain foi em abril de 2017 quando ouvi uma palestra de Shermin Voshmgir. A ficha caiu imediatamente pra mim. 20 anos depois de mudar minha carreira de planejadora urbana para empreendedora da internet, entendi que o Bitcoin é tão grande quanto o surgimento da internet em 1997.

A descoberta do Bitcoin foi o advento de uma nova tecnologia em cima da internet que usamos para mídia e comunicação. A internet do dinheiro, que nos permite trocar valor globalmente sem fronteiras. A comunicação pela internet mudou o mundo massivamente nas últimas décadas. Qual você acha que o impacto da livre circulação de valor terá? Bitcoin e outros ativos digitais públicos e abertos mudarão a dinâmica de poder entre as nações, uma vez que de repente é possível movimentar enormes quantias de dinheiro em velocidade, sem atrito ou tocar no sistema financeiro atual.

Bitcoin é uma nova tecnologia. Se compararmos seu desenvolvimento com a internet, estamos praticamente onde a internet estava em 1997.

4.2.2 Permitindo a mudança social

Pessoas em nações desenvolvidas com sistemas democráticos funcionais geralmente descartam o Bitcoin como uma ferramenta para especulação e um perigo para os estados-nação. Portanto, alguns acham que seu consumo de eletricidade é ambientalmente irresponsável. Alguns até defendem a proibição. Espere que esse tipo de crítica aumente nos próximos anos.

A população mundial é de 7,8 bilhões de pessoas. Apenas 8,4% deles vivem em democracias plenas, 41% em democracias imperfeitas, 15% em regimes híbridos e 35,6% em regimes autoritários.

Mais de 50% da população mundial vive em nações longe de democracias livres e justas! 1,7 bilhão de pessoas não têm conta bancária e nunca terão. Bitcoin é para eles. [61]

São pessoas em regiões como África e América do Sul que impulsionarão a adoção do Bitcoin. Os principais casos de uso são:

Hedge contra a inflação

Esta tabela do Fundo Monetário Internacional mostra a variação anual dos preços ao consumidor em porcentagem.

Representação [62]

Country	Value
Venezuela	5.5 thousand
Sudan	197.1
Zimbabwe	99.3
Suriname	52.1
South Sudan, Republic of	40
Iran	39
Yemen	30.6
Angola	22.3
Haiti	20.5
Libya	18.2
Zambia	17.8
Nigeria	16
Sierra Leone	15.5
Turkey	13.6

Taxa de inflação, preços médios ao consumidor, variação anual em %

- A Venezuela teve aumentos de preços de 5.500%. O sofrimento do povo é simplesmente incompreensível.
- No Sudão os preços aumentaram 200% somente em 2021.
- Os zimbabuanos enfrentaram uma duplicação de preços com inflação de 100% de 2020 a 2021.
- O FMI não tinha dados para a Argentina, mas fui informado pelo meu interlocutor argentino, Franco Amati, que a taxa de inflação anual era de 50%.
- A Nigéria viu uma taxa de inflação de 16% em 2020.
- A taxa de inflação da Turquia em 2020 foi de 13,6%.

De maio de 2020 a abril de 2021, o volume de negociação de bitcoin na Nigéria aumentou 40%, de US$ 287 milhões para US$ 399 milhões. Uma pesquisa de 2020 mostra que 32% dos nigerianos entrevistados usaram ou possuíam criptomoedas. Enquanto isso, em países democráticos desenvolvidos como Alemanha e EUA, apenas 5-6% usaram ou possuem criptomoedas.

Representação [63]

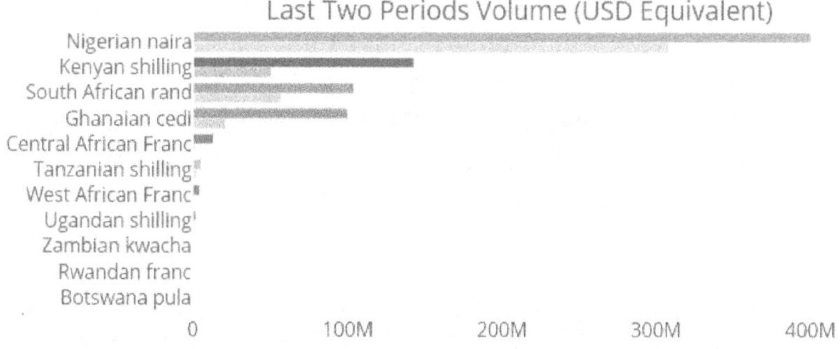

Volume de negociação em exchanges de Bitcoin P2P em países subsaarianos de maio de 2020 a abril de 2021

Dadas essas taxas de inflação anuais, as pessoas sabem que precisam armazenar sua riqueza em dinheiro mais forte como USD e, melhor ainda, Bitcoin. Se você explicar as diferenças do Bitcoin para as moedas locais nesses países, todos entenderão imediatamente como e por que o Bitcoin pode apoiá-los.

Controles cambiais

Países com economias fracas e democracias defeituosas usam controles cambiais para limitar - o que eles chamam - a especulação contra suas moedas fracas. Como os líderes autoritários querem limitar e controlar as possibilidades das pessoas de contornar seus sistemas opressores, eles aplicam regulamentações como as seguintes:

- Os controles de capital da Argentina só permitem que as pessoas troquem um valor máximo de US$ 200 por mês de pesos argentinos para dólares.
- Os mesmos regulamentos severos se aplicam no Zimbábue. Se você administra um negócio e precisa importar mercadorias, deve solicitar permissão ao Banco Central para enviar USD para o exterior. "Suponha que eu esteja em energia solar e queira comprar 20 painéis para poder vendê-los. Tenho apenas 30 dias para gastar o dinheiro que já tinha. O Banco Central pode levar o tempo que quiser. Essa é outra razão pela qual os dólares físicos reais dos EUA, o dinheiro físico, têm muito mais valor no Zimbábue", um entrevistador do Zimbábue me disse em março de 2020.

O sistema bancário não está disponível ou quebrado

- As empresas locais no Zimbábue podem usar USD para faturar um fornecedor local. Esse fornecedor tem que liquidar esses dólares americanos dentro de 30 dias, ou o dinheiro será convertido em sua conta LBTR à taxa bancária. RTGS é o nome do dólar do Zimbábue, que mostra essas altas taxas de inflação.
- Se você comprar moeda estrangeira em um banco argentino, a taxa de câmbio oficial do banco é usada (o que é favorável para o banco, mas não para o cliente) e, além disso, é deduzido um imposto de 65%.
- Usar o sistema bancário também pode ser cheio de burocracia nos países ocidentais, mas é muito pior nesses países.

Remessas

- Se você receber dinheiro do exterior através do sistema bancário tradicional, ele será convertido em pesos argentinos à taxa oficial do banco. Isso representa basicamente um confisco de 30% do valor.
- Em 2020, até 1 bilhão de dólares foram enviados como remessas para o Zimbábue. Mais de um terço da população depende de remessas de parentes no exterior. Muitos zimbabuenses vivem na África do Sul e do dinheiro que enviam, até 20-30% são perdidos através de taxas bancárias e taxas de câmbio oficiais. [64]

Barreiras para Mulheres

Usar uma conta bancária básica está além do alcance de quase um bilhão de mulheres em todo o mundo. Graus variados de desigualdade de gênero permitidos ou exigidos por lei negam às mulheres a participação financeira total em muitos países ao redor do mundo. Dependendo do país, as mulheres são discriminadas nas leis de herança e são obrigadas a obter permissão do marido para trabalhar legalmente, obter uma conta bancária, registrar um negócio ou assinar um contrato; muitas mulheres são proibidas de entrar em certas profissões. As mulheres também podem achar mais difícil acessar carteiras de identidade legais devido a leis existentes ou requisitos de registro restritivos, e essa identificação é geralmente necessária para usar produtos e serviços financeiros.

Outros obstáculos que impedem as mulheres de acessar serviços financeiros são a necessidade de viajar longas distâncias, o risco de serem roubadas ao acessar dinheiro e a falta de privacidade que lhes permitiria proteger suas economias de outras pessoas.

"Mais de 80 por cento dos pequenos negócios conduzidos por mulheres no Pacífico estão em pequenos mercados", disse a Dra. Sharman Stone, Embaixadora das Mulheres da Austrália. "Quando eles só tinham dinheiro, era extremamente perigoso para eles levar esse dinheiro para casa e reter esse dinheiro quando chegassem em casa". [65] Com Bitcoin e criptomoedas, eles são fisicamente mais seguros, podem contornar a inflação e manter seu próprio dinheiro.

> As mulheres são a maioria da população do Quênia; eles realizam 70% do trabalho agrícola, mas possuem menos de 1% da terra e controlam muito pouco a renda produzida por seu trabalho. [66]

56% de todos os adultos não bancarizados em todo o mundo são mulheres. As mulheres estão sobre-representadas entre os não bancarizados na maioria das economias. Isso é verdade mesmo em economias que aumentaram com sucesso a propriedade de contas e têm uma parcela relativamente pequena de adultos que não têm conta bancária. [67] Nos Estados Unidos, Oriente Médio e Norte da África, dois terços dos desbancarizados são mulheres.[68]

Um estudo no Quênia descobriu que o acesso a serviços de dinheiro móvel trouxe grandes benefícios, especialmente para as mulheres. Permitiu que as famílias chefiadas por mulheres aumentassem suas economias em mais de um quinto, permitiu que 185.000 mulheres deixassem a agricultura e desenvolvessem atividades comerciais ou de varejo e ajudou a reduzir a pobreza extrema entre as famílias chefiadas por mulheres em 22%.

Serviços de dinheiro móvel como M-Pesa no Quênia ou EcoCash no Zimbábue aumentaram o acesso a instrumentos financeiros. O problema: estes são serviços de empresas privadas centralizadas. O governo pode interferir, as transações podem ser censuradas ou as contas podem ser fechadas. Como exemplo, em julho de 2020, o governo do Zimbábue bloqueou pagamentos de contas de dinheiro móvel EcoCash para contas bancárias ou dinheiro.

Os serviços financeiros também podem ajudar as pessoas a acumular economias e aumentar os gastos com necessidades básicas. Depois de receber contas de poupança, os vendedores do mercado no Quênia, principalmente mulheres, economizaram a uma taxa mais alta e investiram 60% a mais em seus negócios. As famílias chefiadas por mulheres no Nepal gastaram 15% a mais em alimentos nutritivos (carne e peixe) e 20% a mais em educação depois de receberem contas de poupança gratuitas. Além disso, os agricultores do Malawi que tiveram seus ganhos depositados em contas de poupança gastaram 13% a mais em equipamentos agrícolas e aumentaram o valor de suas colheitas em 15%. [69]

O Bitcoin pode reduzir o custo de recebimento de pagamentos, deixando as pessoas com mais dinheiro. Embora os instrumentos financeiros tradicionais exijam um documento de identidade e um comprovante de endereço, o uso do Bitcoin está aberto a todos. Portanto, o Bitcoin pode apoiar as mulheres na conquista de mais liberdade e auto-soberania.

Para mais informações sobre as condições de vida das pessoas no Zimbábue e seu uso real do Bitcoin na Venezuela, Argentina, Afeganistão, Nigéria e muito mais, ouça minhas entrevistas em podcast https://anita.link/show. Em relação às vantagens para as mulheres que usam Bitcoin, consulte a seção "Mulheres no Bitcoin".

4.2.3 Lento, mas seguro

Uma crítica ao Bitcoin é que seu desenvolvimento é lento e desajeitado. Na verdade, a realidade mostra que o Bitcoin é a blockchain mais antiga e tecnicamente mais segura. Nunca foi hackeado ou alterado. A razão para isso é uma comunidade de desenvolvedores independentes de código aberto cujo primeiro interesse é contribuir para o bem social mais amplo. Ouça Adam Back anita.link/12, Gloria Zhao anita.link/82, Tim Akinbo anita.link/63, Amiti Uttawar anita.link/62 ou Matt Corrallo anita.link/19 para entender como eles são atenciosos e motivados por sua missão. Em segundo lugar, o ritmo de desenvolvimento é deliberadamente lento. O mantra do Vale do Silício "se mova rápido e quebre as coisas" é o oposto do que você deseja para um ativo digital de 600 bilhões de dólares que é, ao mesmo tempo, um software vivo.

4.2.4 Internet das Coisas

Um dinheiro nativo da internet como o bitcoin também pode ser usado por máquinas. Carros elétricos autônomos, como táxis automáticos, poderão se recarregar em estações de carregamento e pagar automaticamente com bitcoin. Isso não é ficção científica, isso é um futuro próximo. Andy Schroder, de Kentucky, já está carregando seu Tesla com micropagamentos máquina a máquina em tempo real pela Bitcoin Lightning Network http://andyschroder.com/DistributedCharge/. Esta não será a única inovação que virá das interseções de novas tecnologias, dinheiro e comunicação.

4.2.5 Bitcoin, o barco salva-vidas

Como expus no capítulo 1, não é uma questão de saber se o atual sistema financeiro cairá, mas quando. Mesmo antes da pandemia do COVID-19 se espalhar globalmente na primavera de 2020, as nações estavam endividadas; os efeitos devastadores foram evidentes nas diferenças de riqueza global e regional. Por muitos anos, os especialistas alertaram o público sobre isso. Simon Dixon já havia chamado a Grande Depressão da década de 2020 já em 2011. Nomi Prins explicou o conluio dos bancos centrais em seu livro de 2018 com o mesmo nome. Satoshi Nakamoto referiu-se aos perigos de um sistema monetário baseado em dívidas e na crise financeira no white paper.

Bitcoin é dinheiro livre de dívidas. Não se infla sua oferta. É a alternativa perfeita para desativar o sistema fiduciário. Para se proteger dessa crise iminente, faz sentido distribuir os investimentos entre diferentes ativos e, assim, reduzir o risco sistêmico. Ouro, ações, títulos, imóveis, relógios e carros antigos são ativos de proteção de valor bem conhecidos. Bitcoin é um ativo de proteção de valor digital.

Quando os CEOs de empresas de capital aberto como Elon Musk e Michael Saylor começaram a trocar reservas de dinheiro em dólares por bitcoin, eles garantiram seu lugar no bote salva-vidas Bitcoin. Bitcoin foi feito para indivíduos. Para pessoas como você e eu. Agora é sua chance de sair do barco afundando das moedas fiduciárias. Não é tarde demais, ainda é cedo.

4.2.6 Bitcoin é um bem comum

A rede Bitcoin é uma infraestrutura pública; é uma rede de comunicação descentralizada que ainda está sendo construída bem diante de nossos olhos. Nós, como indivíduos, não podíamos participar financeiramente, diretamente da construção da internet. A maioria de nós não possuía ações da Apple, Google ou Facebook. Muitos obstáculos excluem bilhões de pessoas de investir em start-ups. O Bitcoin está aberto para que todos invistam em sua infraestrutura. Você também pode usar casas para imaginar o Bitcoin sendo propriedade digital; existem apenas 21 milhões de casas e você pode comprar uma fração de uma casa, até a maçaneta de uma porta.

4.2.7 Bitcoin incentiva a economizar

Bitcoin é ideal para economia de longo prazo. Se você acredita que o valor vai subir no futuro, você é encorajado a manter e não gastar seu bitcoin em coisas que não são realmente necessárias.

4.2.8 Você pode pagar por Bitcoin

Você não precisa comprar um bitcoin inteiro. Um bitcoin é divisível por cem milhões de unidades. A menor unidade é chamada de "Satoshi" - em homenagem à figura fundadora pseudônima, Satoshi Nakamoto. Você pode comprar partes de um bitcoin e começar com apenas 20 euros, por exemplo.

4.2.9 Bitcoin e as funções do dinheiro

Muitos economistas de livros didáticos estão insistindo no fato de que o Bitcoin não é dinheiro porque não atende aos três critérios funcionais que o dinheiro deve ter. Essas funções foram definidas por William

Stanley Jevons[70] em 1875, e sua análise tornou-se amplamente popular nos livros de macroeconomia desde então.

De acordo com Jevons, o Bitcoin só é dinheiro se cumprir essas funções:
[71]

1. Reserva de valor - o valor deve permanecer estável ao longo do tempo
2. Meio de troca - é amplamente aceito em troca de bens e serviços
3. Meio de conta - é usado como medida de preços, custos e lucros

1. Reserva de valor

Os críticos dizem que o bitcoin não é uma reserva de valor devido à sua volatilidade e potencial para perdas de curto prazo. Bem, como expus no capítulo 3.1, a longo prazo esse não é realmente o caso. Além disso, questiono a definição de "estável ao longo do tempo". Qual é o período de tempo? A inflação em moeda fiduciária na Áustria foi de 20% na última década. Todas as outras moedas fiduciárias, como o Euro, são reservas de valor igualmente não confiáveis por esse motivo.

2. Meio de troca

Você pode usar bitcoin como meio de troca, se quiser. Sim, há apenas um pequeno número de empresas, serviços e restaurantes que aceitam bitcoin como pagamento no momento da redação. Mas, para fazer isso, você pode usar diferentes ferramentas e serviços que você pode preencher com bitcoin e gastar em moeda fiduciária. Além disso, existem muitas empresas dentro do espaço que já aceitam e pagam salários em bitcoin também.

3. Meio da conta

O dinheiro fiduciário é obrigado a ser o meio de conta por lei. Simplesmente não temos escolha. Bitcoin é baseado em uso voluntário, é opt-in; se especularmos que o valor está subindo, não vamos gastá-lo. Como a volatilidade do bitcoin se torna menor ao longo do tempo, um dia o valor atingirá um patamar e as pessoas começarão a gastar bitcoin. Ainda antes disso, mais e mais empresas começarão a aceitar o bitcoin, pois confiarão que ele não perde valor, mas valoriza.

Uma nova forma de dinheiro que não é imposta a nós, mas é um opt-in, tem que passar por certas etapas nessa ordem: primeiro, tem que se tornar uma reserva de valor, então a confiança tem que ser construída, então as pessoas vão usá-lo como meio de troca. Só então será usado como meio de conta.

Dispensar o Bitcoin porque ainda não cumpre todas as funções do dinheiro é perder o ponto.

4.2.10 Comparando as características do dinheiro

Em 2014 Ryan Walker tomou os conceitos da teoria da seleção natural de Darwin para comparar a evolução das diferentes formas de dinheiro. A tabela abaixo mostra o grau em que ouro, moeda fiduciária e bitcoin cumprem as características tradicionalmente reconhecidas do dinheiro (linha 1 - 8). O governo emitido mede o grau de centralização e controle pelas autoridades (linha 9).

> "A chegada de moedas baseadas em criptografia possibilitou novas características importantes anteriormente não possíveis com as formas tradicionais de dinheiro. Além disso, a realização de tais características provavelmente terá um impacto dramático no ambiente em que essas moedas competem. As linhas 10 e 11 incluem a espécie de criptomoeda quando avaliada em relação às características tradicionais e recém-realizadas do dinheiro." - **Ryan Walker**

Representação [72]

Características do dinheiro	Ouro	FIAT € | $ | R$	Bitcoin
Fungivel (intercambeabilidade)	Alta	Alta	Alta
Perecibilidade	Alta	Alta	Alta
Portabilidade	Moderada	Alta	Alta
Durabilidade	Alta	Moderada	Alta
Alta Divisibilidade	Moderada	Moderada	Alta
Segurança(pode ser falsificado)	Moderada	Moderada	Alta
Fácil de Transacionar	Baixa	Alta	Alta
Escassez (oferta previsível)	Moderada	Baixa	Alta
Emitido por Governos	Baixa	Alta	Baixa
Descentralizado	Baixa	Baixa	Alta
Programável	Baixa	Baixa	Alta

As características do dinheiro

Isso mostra o grau em que o ouro, a moeda fiduciária e as moedas criptográficas cumprem as características tradicionalmente reconhecidas da moeda, bem como as novas características possibilitadas pela descoberta do Bitcoin.

Como você pode ver, o Bitcoin vai além da estrutura tradicional do que é dinheiro. Está evoluindo para uma dimensão completamente nova do que o dinheiro pode fazer e de quais aplicativos serão construídos no futuro.

4.3 Notas Estratégicas

4.3.1 Palavras de advertência

Antes de comprar Bitcoin, leia estas notas importantes:

Este guia abrange o primeiro blockchain Bitcoin, criado por Satoshi Nakamoto em 2009, que opera sob a sigla BTC ou XBT em exchanges. Para obter informações sobre Bitcoin (BTC), consulte https://bitcoin.org. No Bitcoin.com, por outro lado, você acessa o site do Bitcoin Cash (BCH), que é uma ramificação de 2017.

Esteja ciente de que existem muitas ramificações do Bitcoin original. Eles têm nomes como Bitcoin Cash (BCH), Bitcoin SV (BSV), Bitcoin Gold (BTG), Bitcoin Diamond (BCD) ou Bitcoin 2 (BTC2). Estes não são bitcoins "mais baratos", mas ativos independentes e diferentes. Eles usam o mesmo nome do Bitcoin para se beneficiar de sua notoriedade, mas não mantêm os mesmos pontos fortes ou popularidade do Bitcoin real (BTC).

Bitcoin é um bem comum, sem direitos de marca. Se você começasse uma empresa hoje e a chamasse de "Apple Premium", receberia um processo por violação de marca registrada da Apple muito rapidamente. Isso não se aplica ao Bitcoin porque é de código aberto, o que promove inovação e inclusão. No caso de nomear um projeto como Bitcoin Cash, é confuso e deve ser evitado.

O uso de Bitcoin é legal na maioria dos países do mundo, mas uma proibição estadual pode entrar em vigor a qualquer momento, teoricamente impedindo o uso de Bitcoin por indivíduos. De qualquer forma, uma proibição pode resultar em perda de valor e mudar seu bitcoin de volta para moedas fiduciárias pode ser difícil. Como a comunidade principal do Bitcoin são usuários altamente comprometidos, mesmo que seu país proíba o bitcoin, você sempre encontrará alguém que trocará seu bitcoin por moeda fiduciária com prazer.

O preço do bitcoin é determinado pela oferta e demanda. É possível a qualquer momento - e também já aconteceu várias vezes - que o preço caia drasticamente em pouco tempo e você não consiga sacar ou trocar seu bitcoin tão rapidamente quanto desejado.

Use apenas tanto dinheiro quanto você pode perder sem entrar em problemas financeiros. Você é responsável pela custódia segura de seu capital. Em caso de perda ou roubo, não há opção de recuperação.

Além do bitcoin, existem mais de 4.000 outros criptoativos até o momento, todos com objetivos e usos diferentes. Saiba mais sobre as intenções, a equipe e a tecnologia por trás disso antes de investir, se for o caso.

O surgimento desses outros ativos pode afetar o preço do bitcoin. Outra moeda pode se tornar a principal moeda digital, embora atualmente a maior parte da aceitação e crescimento esteja dentro do Bitcoin (BTC).

Não se empolgue com promoções rápidas porque alguém está lhe dando uma oferta "fique rico rápido" e promete comprar e gerenciar moedas para você. Infelizmente, muitas pessoas jogam jogos desagradáveis e encenam ofertas de marketing multinível, ou esquemas Ponzi https://anita.link/ponzi.

Se alguém pedir para você "se juntar" ao Bitcoin ou estiver escrevendo "BitCoin", fique atento. Você não precisa se juntar a nada para usar o Bitcoin, não há necessidade de comprar um pacote de entrada ou algo assim - provavelmente são golpes.

Se você está esperando para comprar um ETF Bitcoin, você não possui bitcoin e não usará bitcoin. Você só será exposto à ação do preço. Você só possui e controla seu bitcoin se gerenciar suas chaves privadas. Você pode descobrir como fazer isso nas páginas a seguir.

4.3.2 Privacidade na era digital

Bitcoin é pseudônimo. Isso significa que o Bitcoin não está vinculado à sua identidade, pois nem seu nome, local de residência ou endereço são armazenados.

Uma exceção a isso é criar uma conta de usuário em uma exchange centralizada de Bitcoin quando você troca moeda fiduciária por bitcoin. Aqui, como nos bancos tradicionais, pode ser prova de identidade e registro. Em circunstâncias, repartições fiscais e agências podem forçar uma exchange a liberar seus dados de emprego e funções Bitcoin relacionados.

Se você publicar seu endereço Bitcoin na internet ou anunciá-lo em qualquer outro lugar, todos podem ver quantas moedas você possui em um explorador de blocos. Tenha cuidado com isso e nem sempre use o mesmo endereço Bitcoin. As carteiras que apresentarei a você mais tarde criarão novos endereços bitcoin de forma automática, não precisa se preocupar com isso.

Bitcoin não é tão anônimo como muitas vezes se supõe. Todos os fluxos de caixa podem ser analisados com esforço suficiente. Empresas como Chainalysis se especializam em estimativas de big data e clientes, como bancos, podem pagar por esse serviço. O trabalho está em andamento para melhorar a privacidade do Bitcoin. Nos próximos dois anos, haverá inovações aqui que não interferem mais na proteção de dados.

A criptomoeda Monero, que existe desde 2014, já oferece proteção de privacidade integrada. Nela os dados não estão publicamente visíveis e a análise de blockchain não é possível.

4.4 Como faço para obter Bitcoin?

Você pode adquirir bitcoin de três maneiras:

- você troca fiat por ele
- você ganha
- você minera

A primeira opção é a que a maioria de nós escolhe. Você pode usar uma exchange online ou um caixa eletrônico de Bitcoin e vender seu dinheiro fiduciário por bitcoin.

Ganhar é a melhor opção. Você pode liberar seu porão e vender mercadorias por bitcoin, ou trabalhar como freelancer e ser pago em bitcoin et cetera.

A mineração não é mais uma opção para a maioria das residências particulares. Nos primeiros dias do Bitcoin, era possível minerar em seu computador. Hoje, hardware sofisticado - mineradores ASICs - é necessário e você precisa de uma fonte de eletricidade muito barata para permanecer lucrativo.

Nos próximos capítulos, abordaremos os requisitos para manter e usar o Bitcoin.

Notas

29 Source Charlie Bilello https://twitter.com/charliebilello/status/ 1370722188739891202/photo/1

30 Source CoinGecko https://www.coingecko.com/en/coins/bitcoin/usd, June 7, 2021

31 Source Pladizow https://twitter.com/Pladizow/status/1358545292782497792/photo/1

32 Source CoinGecko https://www.coingecko.com/en/coins/bitcoin/usd, June 7, 2021

33 Source CoinMarketCap https://coinmarketcap.com/charts/, June 7, 2021

34 Source Cambridge Center for Alternative Finance, 3rd Global Cryptoasset Benchmarking Study, Fig. 34, Illustration: Anita Posch https://www.jbs.cam.ac.uk/faculty-research/centres/alternative-finance/publications/3rd-global-cryptoasset-benchmarking-study

35 Source Statista https://www.statista.com/chart/18345/crypto-currency-adoption/

36 2nd global cryptoasset benchmarking study https://www.jbs.cam.ac.uk/faculty-research/centres/alternative-finance/publications/2nd-global-cryptoasset-benchmark-study/

37 Source CoinShares, Bitcoin Mining, Dec. 2019 https://coinshares.com/de/research/bitcoin-mining-network-december-2019

38 Source CoinShares, Bitcoin Mining, Dec. 2019 https://coinshares.com/de/research/bitcoin-mining-network-december-2019

39 Source Newsweek, 12/11/2017 https://www.newsweek.com/bitcoin-mining-track-consume-worlds-energy-2020-744036

40 Cambridge Center for Alternative Finance, March 2021 https://cbeci.org/cbeci/ comparisons

41 Cambridge Center for Alternative Finance https://cbeci.org/cbeci/comparisons/

42 Source Energy Flow Chart, Lawrence Livermore National Laboratory https://flowcharts.llnl.gov/

43 Conner Brown, Bitcoin: a bold american future https://journal.bitcoinreserve.com/bitcoin-a-bold-american-future/

44 Cambridge Center for Alternative Finance, March 2021 https://cbeci.org/cbeci/comparisons/

45 Source, ARK Invest, Bitcoin myths https://ark-invest.com/articles/analyst-research/bitcoin-myths/

46 ARK Invest Bitcoin myths https://ark-invest.com/articles/analyst-research/bitcoin-myths/

47 Source Statista https://www.statista.com/statistics/881541/bitcoin-energy-consumption-transaction-comparison-visa/

48 Source Statista https://www.statista.com/statistics/279308/average-credit-card-transaction-value-worldwide/

49 Source BitInfoCharts https://bitinfocharts.com/comparison/bitcoin-transactionvalue.html#1y

50 Source The Federal Reserve Services https://frbservices.org/resources/financial-services/wires/volume-value-stats/monthly-stats.html

51 Anita Posch

52 Caitlin Long https://twitter.com/CaitlinLong_/status/1384925713648734212?s=20

53 CoinShares, Bitcoin Mining Whitepaper 2019 https://coinshares.com/research/bitcoin-mining-network-december-2019

54 Source: Hass McCook https://bitcoinmagazine.com/business/what-elon-musk-gets-wrong-about-bitcoin

55 Nature communications https://www.nature.com/articles/s41467-021-22256-3

56 Nic Carter, On Bitcoin, the Gray Lady Embraces Climate Lysenkoism https://medium.com/@nic__carter/on-bitcoin-the-gray-lady-embraces-climate-lysenkoism-a2d31e465ec0

57 Source Annual Greenhouse Gas Emissions, Hass McCook, June 2021 https://bitcoinmagazine.com/culture/bitcoin-vs-world-military-emissions

58 Source Statista https://www.statista.com/chart/18359/estimated-military-carbon-dioxide-emissions/

59 ARK Invest Bitcoin myths https://ark-invest.com/articles/analyst-research/bitcoin-myths/

60 Clifford Stoll https://www.newsweek.com/ clifford-stoll-why-web-wont-be-nirvana-185306

61 Wikipedia, Democracy Index https://en.wikipedia.org/wiki/Democracy_Index

62 Fundo Monetário Internacional, Taxa de inflação https://www.imf.org/external/datamapper/PCPIPCH@WEO/OEMDC/ADVEC/WEOWORLD, solicitado em 26 de abril de 2021

63 Volume de negociação em trocas de Bitcoin P2P em países subsaarianos de maio de 2020 a abril de 2021 https://www.usefultulips.org/combined_-Sub%20Saharan%20Africa_Page.html, solicitado em 26 de abril de 2021

64 Banco Mundial, Enviando dinheiro da África do Sul para o Zimbábue https://remittanceprices.worldbank.org/en/corridor/South-Africa/Zimbabwe, solicitado em 26 de abril de 2021

65 BNY Mellon apoia o impulso global pela igualdade financeira de gênero https://www.bnymellon.com/ us/en/about-us/newsroom/company-news/bny_-mellon_supports_a_global_push_for_financial_gender_equality.html

66 Jornal de Direito Internacional de Georgetown https://www.law.georgetown.edu/international-law-journal/wp-content/uploads/sites/21/2018/08/4-Kenya-Report-508.pdf

67 Banco Mundial, Cobertura de ID Global, Barreiras e Uso pelos Números: Uma Análise Aprofundada da Pesquisa ID4D-Findex de 2017 https://globalfindex.worldbank.org/sites/globalfindex/

68 Banco Mundial, The Little Data Book on Financial Inclusion 2018 https://openknowledge. worldbank.org/bitstream/handle/10986/29654/LDB-FinInclusion2018.pdf

69 Banco Mundial, The Global Findex Database Measuring Financial Inclusion and the Fintech Revolution 2017 https://www.notion.so/ Financial-Inclusion-feb3e3913cb042b9bc0ef525ad0f8272#f24c9e8d868e49fe9052c61ead55e080

70 William Stanley Jevons https://en.wikipedia.org/wiki/William_Stanley_Jevons

71 Source https://en.wikipedia.org/wiki/Money

72 Ryan Walker https://www.coindesk.com/ origins-money-darwin-evolution-cryptocurrency

5. A Escadaria da Soberania Financeira

“Sem suas chaves, sem suas moedas.” - **Andreas M. Antonopoulos**

Como você leu nos capítulos anteriores, a principal força do Bitcoin é sua não censura, o que lhe dá soberania financeira. Ou seja - além da oferta fixa de 21 milhões - o principal diferencial para todas as outras formas de dinheiro. Ele protege você de bail-ins como em Chipre em 2014 e da inflação desvalorizando seus fundos. Acaba com a financeirização forçada do seu dinheiro por meio de produtos bancários e financeiros. Ele lhe dá controle total sobre seus fundos, permite que você se mova globalmente enquanto traz seu dinheiro com você. É uma alternativa, um opt-out do sistema fiduciário - tudo o que você precisa são 12 palavras em inglês: sua frase de recuperação.

“Bitcoin é incensurável e não inflável. Essas são suas propriedades mais importantes.” - **Anita Posch**

Se você não tem essas palavras iniciais, você não tem os privilégios e a liberdade mencionados acima.

5.1 Riscos das Carteiras de Custódia

É importante notar que há uma grande diferença entre carteiras custodiantes e carteiras não custodiantes. Você só obtém o controle da frase de recuperação quando usa uma carteira não custodial (auto-hospedada). Exchanges como Coinbase, Kraken, Binance, Bitpanda, etc., não fornecem as chaves privadas para suas próprias carteiras. Embora possa ser mais conveniente manter bitcoin em uma carteira em uma exchange centralizada, não é diferente de um banco. Você não possui o bitcoin em sua conta da exchange, o que pode ser um grande problema se a exchange for hackeada, algo que já aconteceu muitas vezes. Por exemplo, lembro de Mt. Gox, o maior hack até hoje que aconteceu em 2014. Não passa um dia sem casos de contas congeladas, ou sinalização de moedas contaminadas e, às vezes, a interrupção regulatória da negociação. Além disso, essas exchanges precisam que você se registre e cumpra todos os requisitos de identificação KYC (recomendações para conhecer seu cliente e anti-lavagem de dinheiro), o que é um obstáculo para bilhões de pessoas, excluindo-as dos bancos e agora do uso de exchanges de criptomoedas. também. Além disso, esses regulamentos KYC estão invadindo sua privacidade. Felizmente, o Bitcoin é construído para todos. Para mitigar os riscos de contraparte das carteiras de custódia, você deve pular essas exchanges e usar uma carteira não custodiante desde o início.

> "Esta ilusão de que o dinheiro no banco é mais seguro do que o dinheiro debaixo do colchão é de uma posição privilegiada." - **Andreas M. Antonopoulos**

Para pessoas fora do "mundo desenvolvido ocidental", não existe uma conta bancária segura. Isso é um privilégio. Você pode pensar que prefere deixar seu dinheiro na exchange porque não quer ter o incômodo e a responsabilidade de manter seu próprio dinheiro. Você pode fazer isso, mas não é o que Satoshi Nakamoto pretendia e isso o deixa vulnerável.

Depois de aprender e executar os passos para a liberdade financeira, você verá que não é tão difícil quanto pode parecer à primeira vista.

5.2 3 Passos para a Soberania Financeira

> "Com grande liberdade, vem grande responsabilidade." - **Dr. Stephanie Murphy**

Stephanie Murphy, co-apresentadora do podcast "Speaking of Bitcoin", enquadra o modelo de liberdade financeira como uma escada com diferentes níveis de soberania. Como o Bitcoin é uma tecnologia em desenvolvimento, o grau de liberdade que se pode alcançar está mudando o tempo todo. Este livro lhe dará orientação para alcançar o passo 2: o nível "Suas chaves, suas moedas". Alcançar o nível "Não confie, verifique" se tornará muito mais fácil nos próximos anos. Neste momento requer know-how técnico e um maior esforço de tempo e recursos, mas em princípio todos podem alcançá-lo.

Representação [73]

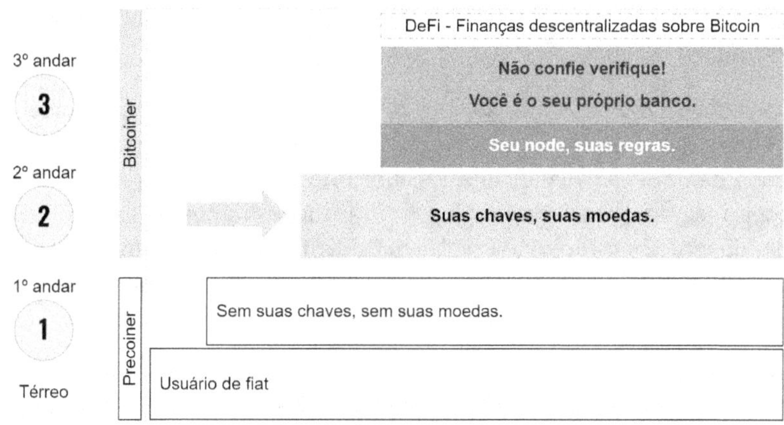

3 passos para a soberania financeira

Térreo

Você é um pré-coiner, já que está lendo meu livro, deve estar interessado em Bitcoin, mas não possui nenhum.

1° andar

Você está conhecendo o BTC com uma solução de custódia em uma exchange centralizada, mas não controla nenhuma das chaves. Você tem alguma independência porque está investido em uma criptomoeda e não mais apenas em moeda fiduciária. Mas não é muita independência porque você depende de um terceiro, que vem com os riscos de contraparte mencionados acima. Você está no nível **"sem suas chaves, sem suas moedas"**.

O ideal é pular o primeiro andar e ir para o segundo andar o mais rápido possível.

2° andar

Você assume o controle de suas chaves e as armazena de forma segura em uma carteira sem custódia que lhe dá sua seed. Este é um grau muito maior de soberania financeira. Você pode fazer isso com uma carteira móvel em seu smartphone para pequenas quantias ou - a melhor maneira e altamente recomendada - com uma carteira de hardware para quantias maiores. Você atinge o nível **"suas chaves, suas moedas"**. Você atingiu um nível muito alto de independência.

A partir daqui, as etapas são para usuários experientes. Eles lhe dão ainda mais soberania, privacidade e controle sobre seu bitcoin.

3º andar

Você obtém total soberania sobre seus fundos conectando sua carteira de hardware com seu próprio nó completo. Com essa configuração, você pode não apenas visualizar e receber informações sobre suas transações, mas também verificar blocos e transações minerados sem depender de terceiros. Você não precisa mais confiar em mais ninguém e tem um alto nível de privacidade e controle. **"Você é seu próprio banco"** e agora atingiu o nível **"Não confie, verifique"**.

Você pode levar essas medidas de segurança e independência ainda mais longe com soluções air-gapped, configurações multi-sig e muito mais.

No topo dessa escada, estão surgindo soluções financeiras descentralizadas, como empréstimos e empréstimos de bitcoin.

Em última análise, se tudo o que você quer fazer é se proteger contra a inflação e usar o Bitcoin como reserva de valor, **chegando ao 2º andar, "suas chaves, suas moedas" é o objetivo**. Mostrarei como alcançar esse nível de soberania nos próximos capítulos.

5.3 Protegendo seus fundos

Como mencionado no capítulo anterior, nosso objetivo é atingir o nível "Suas chaves, suas moedas".

Para comprar, usar e armazenar bitcoin, você precisará de:

- Carteira Bitcoin = sua caixa de depósito de dinheiro digital. Uma analogia mais precisa é um chaveiro digital para seus cofres.
- Endereços Bitcoin = um ou mais endereços exclusivos para seus fundos em blockchain, seus endereços de recebimento (mais precisamente uma saída de transação não gasta UTXO)
- Seed = os dados de recuperação da sua carteira Bitcoin.

5.3.1 Carteira Bitcoin

Pense em uma carteira como um cofre público com várias seções. Qualquer pessoa pode depositar dinheiro em cada uma das seções. Somente o proprietário das chaves privadas pode desbloquear uma seção e mover o dinheiro que ela detém. Sua carteira Bitcoin consiste em todas as seções e contém todas as chaves privadas para desbloqueá-las. Chaves privadas e endereços Bitcoin são gerados a partir da seed (semente). A seed é a raiz de todas as chaves e endereços, é como um balde no qual todas as suas chaves privadas são armazenadas.

Representação [74]

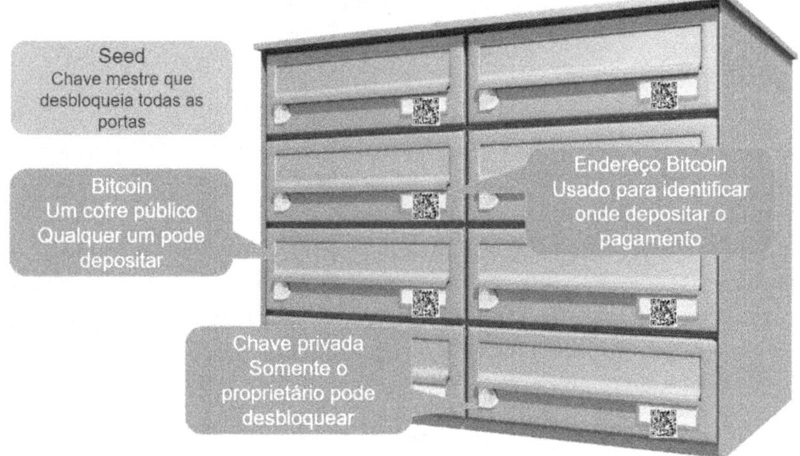

Definindo termos

A carteira é um aplicativo em seu telefone ou software em seu computador, que lida com tudo em segundo plano - suas chaves privadas, seus endereços e envio e recebimento de bitcoin.

As carteiras Bitcoin contêm chaves, não moedas. Cada usuário tem uma carteira contendo chaves. Carteiras são realmente apenas chaveiros contendo pares de chaves privadas/públicas. Seus fundos são registrados na blockchain Bitcoin.

5.3.2 Endereço Bitcoin

Para receber bitcoin, você precisa de um endereço Bitcoin para o qual alguém possa lhe enviar bitcoin. O endereço Bitcoin consiste em uma longa série de dígitos e letras.

Um exemplo de endereço Bitcoin: 346n4apJCQPg2XAXU3bfNQTogz4PyTkrEf

Digitar 34 dígitos é obviamente muito impraticável, portanto, os códigos

QR dos endereços são comumente usados e geralmente são criados automaticamente pela sua carteira.

endereço BTC como código QR

Bitcoin é pseudônimo, o que significa que não é necessário conectar seu endereço de e-mail ou identificação pessoal a uma carteira. No entanto, a blockchain Bitcoin é transparente, o que significa que seus endereços Bitcoin podem ser vistos publicamente na Internet. Por exemplo, você pode procurá-lo no Blockcypher e ver todas as transações e valores atuais. Aqui está um link de exemplo: https://anita.link/explorer https://anita.link/explorer

Portanto, por motivos de privacidade, não compartilhe seus endereços Bitcoin em conexão com sua identidade na internet. A privacidade também é a razão pela qual você não deve reutilizar endereços. A maioria das carteiras Bitcoin fornece automaticamente novos endereços para cada transação.

Vamos para a parte mais importante de proteger seu bitcoin: a seed.

5.3.3 Seed e Chaves Privadas

Como a seed é a raiz de todas as chaves privadas, ninguém mais deve ter acesso a ela. A pessoa que conhece a seed tem o controle final sobre os fundos.

A seed (às vezes chamada de frase mnemônica, frase de recuperação ou frase de backup) é uma sequência de 12 ou 24 palavras que dá acesso às chaves privadas de seus endereços de carteira e, portanto, acesso às suas moedas. Isso significa que essa ordem de palavras deve permanecer em segredo. Qualquer pessoa que conheça a seed pode acessar e assumir suas moedas. Por quê?

Suas moedas não estão dentro de sua carteira digital, como elas estariam dentro de sua carteira física normal. Em vez disso, elas estão registradas no blockchain. Compare isso com um e-mail e uma carta. Você pode acessar sua conta de e-mail de qualquer lugar do mundo porque seus e-mails são armazenados online, enquanto sua caixa de correio está parada. Isso se aplica de forma semelhante ao Bitcoin.

O acesso mundial aos seus ativos é sempre possível com a semente, independentemente do fabricante da sua carteira. Ao selecionar sua carteira, procure o termo "carteira HD" (Determinístico Hierárquico). As carteiras HD permitem que você mude para a carteira HD de outro fabricante, pegue a seed e restaure suas moedas.

Suponha que seu smartphone seja corrompido, você não possa mais acessar seu aplicativo de carteira Bitcoin e precise mudar para um novo telefone. Você instala uma nova versão da sua carteira Bitcoin e importa a seed da sua primeira carteira. O acesso aos seus fundos é restaurado.

A seed é gerada pelo aplicativo de carteira durante a configuração inicial. A maioria das carteiras orienta você na configuração e instrui você a escrever as palavras iniciais em uma folha de papel. Se sua carteira não oferecer isso imediatamente, procure o recurso "Criar backup" ou "Backup" e siga as etapas. A criação da seed funciona de maneira oposta à criação de uma senha como você normalmente a conhece em sites. Não é você quem determina a senha, mas a própria carteira.

A ordem das palavras é IMPORTANTE! Você deve escrever as palavras exatamente na ordem em que aparecem.

> Exemplo de semente: cruise item paper slim vocal power
> like video snap museum mirror sun

Escreva a semente à mão em um pedaço de papel e guarde-a com segurança. Não faça uma captura de tela, não a armazene em seu telefone ou computador conectado à internet, pois todos esses lugares podem ser invadidos. Há mais informações sobre segurança no capítulo 5.

Como seus fundos não estão dentro de sua carteira, mas armazenados no blockchain, você pode se mover globalmente e levar seus fundos de bitcoin para onde quer que vá. Você só precisa lembrar as 12-24 palavras-semente na ordem correta. Depois de passar pela alfândega sem celular, você consegue uma nova carteira e importa a semente. Mágica.

5.4 Tipos de carteira

Existem diferentes tipos de carteiras, dependendo do dispositivo, requisitos de segurança e criptomoedas suportadas. Para decidir qual carteira é melhor para você, fornecerei alguns pensamentos e padrões do setor como orientação. Em última análise, você deve decidir qual carteira é a melhor para você. Como o Bitcoin é uma tecnologia tão nova, o software de carteira está mudando constantemente. Você precisa considerar que precisará fazer atualizações e às vezes mudar o fabricante da carteira por causa de novas funcionalidades, há constantemente novas carteiras no mercado. Isso não deve desativá-lo, eu só quero que você fique ciente disso. Nos últimos anos, usei cada vez mais carteiras para testá-las ou para poder usar novas funcionalidades. Portanto, recomendarei carteiras que eu mesmo usei e que tenham uma reputação muito boa entre os especialistas do setor.

5.4.1 Segurança da carteira

Quanto mais protegido o software de uma carteira estiver de ataques externos pela Internet, mais seguro ele será. Portanto, a categorização básica é entre soluções de armazenamento a quente e a frio. Carteiras quentes, como carteiras móveis e carteiras de desktop, são aplicativos que se conectam à Internet e, portanto, correm risco de hackers, vírus ou riscos regulatórios e de contraparte. Soluções de armazenamento a frio, como carteiras de hardware, nunca estão online e, portanto, são muito mais seguras.

Além disso, seu smartphone, seja Android ou iOS, é mais seguro que seu laptop ou PC. Os sistemas desktop Windows são menos seguros do que os dispositivos Apple no momento da redação. Dentro dos diferentes sistemas operacionais de smartphones, há menos diferenças no nível de segurança.

Além dessas considerações, você precisa usar uma carteira que suporte suas criptomoedas favoritas. Como este é um guia BTC, sugiro que você use uma carteira somente bitcoin. Quanto mais criptomoedas um software, como um aplicativo de carteira, tiver que lidar, mais complexo será o desenvolvimento e a manutenção do software do lado do fabricante. Mais complexidade traz maiores riscos de bugs e vulnerabilidades.

Nos anos desde o lançamento do Bitcoin, usar uma carteira de hardware provou ser a melhor maneira de armazenar suas chaves privadas. Uma carteira de hardware é um pequeno dispositivo que armazena chaves privadas offline, semelhante a um pendrive.

As carteiras de hardware requerem manutenção e um computador ou smartphone. Se você não quiser se preocupar com atualizações de software ou não possuir tal dispositivo, você pode usar a Card Wallet como uma alternativa de armazenamento a frio. É um produto da mais antiga corretora de bitcoin austríaca Coinfinity e da Austrian State Printing House.

5.4.2 Padrões industriais

Em cada caso, você precisa confiar nos fabricantes de carteiras em maior ou menor grau. **As soluções de armazenamento a frio preferidas e recomendadas do setor são carteiras de hardware.**

Dependendo da quantia que sua carteira precisa gerenciar, é padrão usar uma combinação de **uma carteira de smartphone para pequenas quantias que você deseja ter com você em movimento** e **carteiras de hardware para grandes quantias, como economias em seu conta bancária.**

Se seus fundos de bitcoin atingirem um valor que você preferiria ter garantido em um grau ainda maior, você deve procurar soluções de várias assinaturas. Mas esteja ciente: as soluções multi-sig **não são para iniciantes**! Você realmente precisa saber o que está fazendo.

Como alternativa, você pode usar uma empresa chamada Casa e suas soluções multi-assinatura líderes do setor. Ou você pode obter várias carteiras de hardware para dividir seus fundos em mais dispositivos, o que reduz o risco de falhas no dispositivo ou no fabricante.

5.5 Visão geral das recomendações da carteira

5.5.1 Armazenamento Quente (Hot Wallets)

Carteiras móveis
Para iOS e Android

- Blockstream Green (Bitcoin sem custódia, Liquid) https://blockstream.com/green

- Breez Wallet (Lightning sem custódia) https://breez.technology

Se você quiser usar Bitcoin e micropagamentos na Lightning Network:

- Muun Wallet (Bitcoin e Lightning sem custódia) https://muun.com
- Blue Wallet (Bitcoin sem custódia e custódia da Lightning) https://bluewallet.io
- Electrum (Bitcoin e Lightning sem custódia, para usuários mais experientes em tecnologia) https://electrum.org

Carteiras de computador

Devido aos riscos de segurança mencionados acima, não uso carteiras de software em meu computador, exceto quando as uso em combinação com carteiras de hardware. Para isso, utilizo a Sparrow ou o software nativo do fabricante do hardware.

- Blockstream Green (Bitcoin sem custódia, Liquid) https://blockstream.com/green
- Blue Wallet (Bitcoin sem custódia e custódia da Lightning) https://bluewallet.io
- Sparrow (Bitcoin sem custódia) https://sparrowwallet.com
- Electrum (Bitcoin e Lightning sem custódia, para usuários mais experientes em tecnologia) https://electrum.org

5.5.2 Armazenamento Frio (Cold Wallets)

Carteiras hardware

As carteiras de hardware gerenciam suas moedas, endereços bitcoin e chaves privadas associadas sem que elas "toquem" na Internet. Mesmo que seu dispositivo esteja contaminado por vírus ou tenha sido invadido, seus fundos estão seguros e você pode enviar e receber pagamentos. Você precisa confirmar manualmente as transações nesses dispositivos externos - isso garante que nenhum intruso em seu computador possa assumir seus fundos.

Os seguintes fabricantes e dispositivos se estabeleceram recentemente no mercado de carteiras de hardware nos últimos anos. A SatoshiLabs de Praga produz carteiras de hardware desde 2012. A empresa Ledger de Paris foi fundada em 2014. SHIFT Cryptosecurity de Zurique está no mercado desde 2015 e a empresa canadense Coinkite está no espaço Bitcoin desde 2012.

- Edição somente bitcoin BitBox02 (meus leitores ganham 5% de desconto) - SHIFT Cryptosecurity https://anita.link/bitbox02
- Trezor One, Modelo T - SatoshiLabs https://anita.link/trezor
- Ledger Nano S, Nano X - Ledger https://anita.link/ledger
- Coldcard (para usuários experientes em tecnologia) - Coinkite https://anita.link/coldcard

O Coldcard é diferente dos outros modelos porque é um dispositivo air-gapped - pode ser usado sem nunca estar conectado a um computador. É por isso que algumas pessoas se referem a ele como armazenamento a frio, sendo ainda mais seguro. Para iniciantes, recomendo um dos três primeiros dispositivos.

Nunca compre uma carteira de hardware de estranhos no eBay ou Amazon e, claro, não compre de segunda mão. Sempre compre diretamente no site do fabricante, na página do fabricante na Amazon ou em um revendedor de sua confiança. Certifique-se de que o dispositivo esteja lacrado conforme indicado no site do fabricante. A maioria dos dispositivos recomendados acima tem embalagem inviolável para garantir que o dispositivo seja usado pela primeira vez e não tenha sido manipulado. A Ledger deliberadamente opta por não usar selos antiviolação em sua embalagem porque eles podem ser falsificados. Os dispositivos genuínos do Ledger contêm um chip seguro que impede a violação física e permite que os usuários verifiquem a integridade do software e do hardware usando os guias do Ledger. De qualquer forma: nenhum fabricante envia a seed com o aparelho!

Além do dispositivo, o fornecedor fornece software de carteira para gerenciar suas moedas. Por questões de privacidade, muitos usuários pegam a carteira do fornecedor apenas para fazer a inicialização e backup do dispositivo (anotar a seed) e para atualizações de firmware. Depois disso, eles usam uma carteira como a Electrum para gerenciar as moedas.

Carteiras off-line
Carteira de papel

Na internet, você encontrará recomendações para usar carteiras de papel. Eles são endereços bitcoin autogerados com suas chaves privadas e públicas que você pode imprimir em papel. Como você mesmo os gera e imprime, não precisa gastar dinheiro com eles. Mas, eles são difíceis de gerar com segurança. As medidas de segurança que você precisa tomar são extremamente altas. **Aconselho não usá-los.**

Realmente, se você não quiser pagar os 50 - 100 USD necessários para comprar uma carteira de hardware para garantir valores mais altos do que você carrega confortavelmente em seu telefone, você deve reconsiderar o uso do bitcoin como uma reserva de valor em primeiro lugar.

Se você simplesmente não puder comprar uma carteira de hardware, use seu telefone enquanto isso. Assim que você tiver economizado fundos suficientes, obtenha uma carteira de hardware.

Card Wallet

A Card Wallet (produto) é em princípio uma carteira de papel, mas é produzida por profissionais com altos padrões de segurança. No entanto, você precisa confiar nos fabricantes para não gravar as chaves privadas no cartão. Você pode usar a Carteira de Cartões como alternativa caso não possua um computador ou smartphone ou não queira cuidar da manutenção de sua carteira de hardware. https://cardwallet.com/anita (meus leitores ganham 20% de desconto)

A solução de armazenamento a frio preferida e **recomendada do setor são as carteiras de hardware**.

Notas

73 Anita Posch

74 Anita Posch, inspirada em Andreas M. Antonopoulos

6. Armazenando Moedas com Segurança

6.1 Medidas de segurança

Todos os bancos de dados podem ser invadidos. Pesquise seu e-mail em https://haveibeenpwned.com/ - se você tiver sorte, você não foi pwned, mas bilhões de outras contas sim. Portanto, é importante seguir as medidas gerais de segurança que se aplicam ainda mais ao usar o Bitcoin.

6.1.1 Configuração de hardware e software

Você pode usar navegadores populares como Firefox, Opera, Brave ou Chrome. Extensões de navegador que bloqueiam Javascript e Cookies são recomendadas. Ghostery, NoScript e ScriptSafe são o tipo de extensão que você pode adicionar ao seu navegador. "HTTPS em todos os lugares" impõe uma conexão SSL a todos os sites, incluindo aqueles que ainda não oferecem SSL.

Esteja ciente de que algumas lojas online não funcionam corretamente com essas extensões ativadas, portanto, você deve desativá-las manualmente.

É importante que você mantenha seus dispositivos seguros.

6.1.2 Atualizações

Este conselho se aplica a todos os seus dispositivos: execute todas as atualizações de software sugeridas. Para o sistema operacional do seu computador, bem como para o seu smartphone. Sempre use a versão mais recente de sua carteira e software de firmware em sua carteira de hardware.

6.1.3 Endereço de e-mail

Não use um endereço de e-mail para tudo. Obtenha endereços de e-mail descartáveis que você usa apenas uma vez. Você também pode comprar um domínio que você usa apenas para endereços de e-mail falsos que você encaminha para seu endereço principal.

6.1.4 Senhas seguras

Use senhas seguras para todos os serviços online. Seu aniversário, local de residência, o nome do seu gato ou 1234567 não são senhas seguras. Frases inteiras com dígitos, espaços, letras maiúsculas e minúsculas e caracteres especiais são senhas fortes.

Use uma senha diferente para cada site em que você fizer login. Caso contrário, um hacker com apenas uma senha poderá entrar em todos os serviços nos quais você está registrado. Não armazene essas senhas em um arquivo do Word ou algo parecido em seu computador. Um documento do Word é fácil para os hackers roubarem e lerem.

Você pode usar software como 1Password, Bitwarden ou KeePass (gratuito e de código aberto). São bancos de dados de senhas criptografados, onde você pode gerar e armazenar todas as suas senhas e só precisa lembrar de uma senha para abri-la.

6.1.5 PIN

Configure um PIN para o software da sua carteira para que ninguém possa abrir facilmente a sua carteira no seu dispositivo.

6.1.6 2FA

Use um método de autenticação de 2 fatores para proteger suas contas. Não use SMS/texto como método de autenticação de 2 fatores devido a ataques de troca de SIM. Em vez disso, instale um aplicativo autenticador como OTP ou TOTP no seu telefone.

6.1.7 Troca de SIM

A troca de SIM é quando alguém sequestra seu SIM e número de telefone. Eles podem usar seu número de telefone para fazer login em todas as contas conectadas nas quais você ativou a autenticação de 2 fatores com texto/SMS. A troca de SIM é um ataque para entrar em sua conta de e-mail principal. Se os invasores puderem acessar a conta de e-mail principal associada ao 2FA ao seu número de telefone, eles poderão encontrar todas as contas de troca de Bitcoin que você está usando com o 2FA e eliminá-las.

O ataque geralmente é iniciado ligando para o atendimento ao cliente em seu provedor de telecomunicações (Verizon, Vodafone, AT & T, Magenta,...). Eles dizem algo como "Sou o proprietário do número de telefone, perdi meu telefone, por favor, transfira meu número para o meu novo SIM". A pessoa de atendimento ao cliente solicitará uma informação pessoal para verificar sua identidade. Os atacantes, então, tentarão muitos truques. Eles atormentam a pessoa de suporte para obter pequenos pedaços de informação deles, desligam e ligam para outra pessoa e usam esse fragmento de informação para avançar para o próximo nível. Eles então obtêm mais informações e continuam construindo até que tenham informações suficientes para persuadir a última pessoa de que eles são os proprietários da conta e transferir o SIM.

Eles irão atrás de todas as exchanges de criptomoedas nas quais você possa ter configurado uma conta com seu endereço de e-mail e número de telefone.

Quando eles souberem seu e-mail, eles tentarão alterar a senha da sua conta com a funcionalidade "esqueci a senha". Bons sites não informam se a conta existe. Os invasores tentarão redefinir a senha ou tentar obter uma verificação de mensagem de texto.

O que você pode fazer - Exemplo do Gmail

Bloqueie sua conta de e-mail principal e remova seu número de telefone de sua conta de e-mail (como uma conta do Gmail). Veja como é feito: https://anita.link/removegmail. Use uma senha diferente para cada conta em cada site ou serviço. Como usuário do Gmail, você pode se inscrever no Programa Proteção Avançada do Google, que protege contra ataques on-line direcionados.

6.2 Ataques de phishing

Em 2020, o banco de dados de marketing do fabricante francês de hardware Ledger foi hackeado. Os aparelhos são seguros, mas milhares de endereços de e-mail, telefones e até endereços residenciais de clientes vazaram e podem ser encontrados por qualquer pessoa na internet. Isso é um desastre absoluto porque há uma grande chance de que as pessoas que compram uma carteira de hardware também possuam bitcoin. Na pior das hipóteses, você será "visitado" em casa. O mais provável é que sejam ameaças via e-mail e ataques de phishing. Para evitar isso, lembre-se de que talvez você nunca precise usar seu endereço físico para entrega de um produto relacionado ao Bitcoin, como uma carteira de hardware. Você pode organizar uma caixa postal para si mesmo. Nos EUA existem serviços que podem receber correio para você (CMRAs). Se possível, nem use seu nome verdadeiro ao fazer o pedido. Obtenha um segundo número de telefone e use-o caso o fornecedor solicite um. Dê a eles um endereço de e-mail descartável que você usa apenas para esse pedido específico.

Os ataques de phishing são tentativas de assustá-lo ou manipulá-lo para que você insira suas palavras iniciais no site do invasor. Por exemplo, você pode receber um e-mail dizendo: "Seu dispositivo foi corrompido ou desativado, visite este link e insira suas 12 palavras iniciais para salvar seus fundos". ou "Detectamos uma grande retirada da sua Ledger. Você tem 24 horas para responder para tornar esta transação válida. Lamentamos, mas não conseguimos entrar em contato com sua Ledger, parece estar corrompida. Vamos autorizar a retirada a menos que você comece o processo de recuperação, dê-nos suas 24 palavras-seed." ou "você recebeu um airdrop. O dinheiro está entrando em sua conta, tudo o que precisamos é de uma verificação, por favor, inicie seu processo de recuperação e nos dê suas 24 palavras iniciais."

Representação [75]

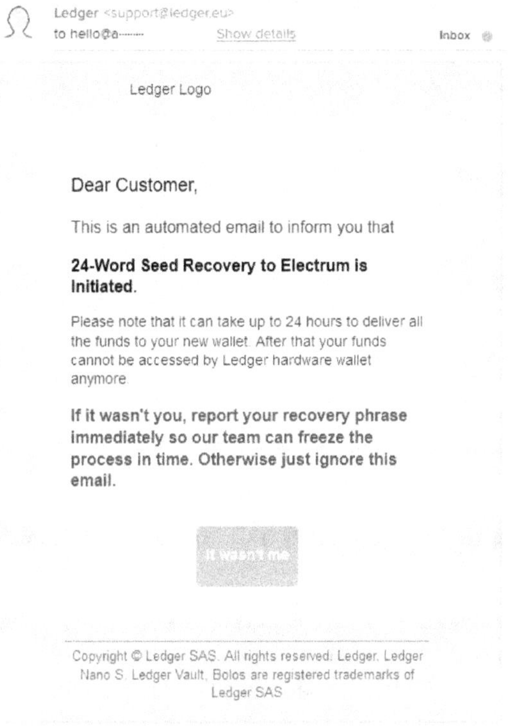

E-mail de phishing

Os atacantes tentam fazer você agir rápido sem pensar. Se você receber tal e-mail. Pare. Não faça nada. Como ninguém pode confiscar seu dinheiro, ninguém pode desativar remotamente sua carteira de hardware. Esse é o objetivo de uma moeda descentralizada como o bitcoin.

Nunca confie em um email! Especialmente: nunca clique em links anexados.

Marque os sites reais dos sites oficiais do Ledger, Shift Crypto, Trezor etc. ou digite o nome de domínio você mesmo na barra de endereços do navegador e procure o certificado de autenticação SSL. Os invasores enviarão você para um site falso que se parece com o real. A única diferença é a URL. Um dos novos truques é usar domínios com caracteres Unicode que pareçam iguais ao domínio real. Por exemplo, você pode notar a mancha embaixo do l de electrum? Se você abrir esse URL, verá electrum.org, mas está visitando xn—eectrum-9hb.org.

Representação [76]

Navegadores como Opera e Chrome irão avisá-lo, mas o Firefox não faz isso por padrão. Você pode mudar isso habilitando "punycode" no Firefox, veja anita.link/puny.

6.3 Regra 3-2-1 para armazenar sua seed

A semente consiste de 12 a 24 palavras em inglês. Atualmente, mais carteiras usam 12 palavras em vez de 24 porque fornecem um nível de segurança alto o suficiente e são mais fáceis de lembrar e armazenar.

Escreva a semente em um pedaço de papel à mão quando inicializar sua carteira pela primeira vez. Certifique-se de que a ordem está correta e verifique as palavras escritas várias vezes. Observe também o fornecedor, o modelo e o software da carteira. Você pode precisar dessas informações caso queira recuperar seus fundos.

Se você configurar uma carteira de hardware, deverá enviar uma pequena quantidade de bitcoin para garantir que tudo funcione. Depois de receber a pequena quantia, exclua o software do dispositivo e restaure-o com as palavras que você anotou anteriormente. Este é um passo importante que você não deve pular.

Depois disso, é aconselhável tomar as seguintes medidas de segurança para evitar que você perca sua seed. Quando as pessoas perdem o acesso aos seus fundos, é mais frequente porque perderam a sua seed ou cometeram um erro ao escrevê-la e não porque os seus dispositivos foram invadidos.

3: Anote a semente três vezes

2: Em pelo menos dois suportes diferentes (papel laminado, gravado ou estampado em aço) e guarde-o em local seguro para proteção contra incêndio, perda e roubo.

1: além disso, armazene um backup em um local diferente, de preferência a pelo menos 100 quilômetros de distância.

Jameson Lopp, um dos meus convidados do podcast, está testando placas de aço que podem ser usadas para garantir a semente a longo prazo. Ele os expõe ao fogo e pressão para verificar a longevidade. Nem todos os produtos são feitos de aço ou titânio, razão pela qual derretem no fogo. Os testes podem ser encontrados aqui: anita.link/metalseed

Não seja criativo! Dividir as palavras em duas ou mais partes e armazená-las em locais diferentes é um erro comum. Você só precisa perder uma parte e não poderá mais acessar suas moedas.

- Nunca dê a seed para alguém em quem você não confia com seu dinheiro!
- Não insira a seed em nenhum site ou dispositivo eletrônico!
- A seed não é necessária para enviar ou receber bitcoin.
- Nenhum indivíduo ou entidade credível pediria a sua seed.
- Verifique os locais de armazenamento de suas palavras seed regularmente!
- Configure um plano de herança - os piores casos acontecem e se você não instruir seus beneficiários corretamente, seu bitcoin será perdido. Eu recomendo o livro de Pamela Morgan sobre "Cryptoasset Inheritance Planning".

6.3.1 Senha

Uma senha é uma maneira adicional de garantir seus fundos em cima da semente. Se você adicionar uma senha, o software cria uma carteira adicional que você pode usar para se proteger de ataques físicos. Se alguém pegar sua seed, ainda não poderá acessar seus fundos porque não possui a senha.

Exemplo: Você pode querer deixar a minoria de seus fundos na carteira básica "sem senha" e mover a maioria de seus fundos para uma carteira protegida por senha. A ideia por trás disso é que, se você se encontrar em uma situação em que alguém está tentando extorquir um resgate de você ou o coloca sob coação, você pode desbloquear sua carteira com segurança e apenas dar ao invasor acesso à carteira normal (que contém apenas uma pequena quantidade de fundos).

Isso parece ótimo, mas também há riscos envolvidos.

1. Como a senha não é armazenada automaticamente em nenhum lugar, você precisa tomar **todas as precauções necessárias** para garantir que a senha permaneça segura e acessível, por exemplo, fazendo um backup físico.
2. Se a senha for perdida, você **não poderá mais acessar essa carteira** e quaisquer moedas armazenadas nessa carteira ficarão inacessíveis.

Com uma senha, você não precisa apenas armazenar sua seed, mas também a senha. Agora você precisa encontrar armazenamento seguro de longo prazo para a seed. E a senha, o que torna o processo mais complicado. Esteja ciente: para restaurar uma carteira desse tipo, você precisaria da sua semente e da senha que você usou para essa carteira para restaurar o acesso aos fundos.

Como os ataques físicos acontecem raramente, armazenar a seed com o método 3-2-1 deve ser suficiente.

6.3.2 Backups alternativos

Algumas carteiras usam mecanismos diferentes para o backup. Por exemplo, a carteira Muun usa uma combinação de código de recuperação - que você precisa anotar como uma seed - e um kit de emergência.

6.4 Aprendendo fazendo

Pode ser intimidante começar a usar Bitcoin porque é dinheiro real. É por isso que é uma boa prática começar com quantidades muito pequenas.

Para suas primeiras tentativas, instale uma carteira em seu telefone, procure um Bitcoin ATM https://anita.link/atm perto de você ou participe de um encontro local de Bitcoin e troque uma pequena quantia. Obtenha uma carteira para o seu computador e envie bitcoins entre suas duas carteiras para endereços diferentes.

A melhor hora para fazer isso geralmente é no fim de semana, quando o Mempool não está lotado de transações e as taxas são mais baixas.

Use um software de carteira diferente, reinstale a seed da carteira A para a carteira B, use a seed em dispositivos diferentes. Você se sentirá cada vez mais seguro mantendo as habilidades.

6.4.1 Endereço de recebimento de teste

Antes de enviar uma grande quantia pela primeira vez, certifique-se de que o endereço é realmente do destinatário e faça uma pequena transação de teste. Sempre verifique o endereço Bitcoin duas ou três vezes antes de enviar a transação. Compare o primeiro e o último dígito do endereço. Bitcoins que você envia para um endereço incorreto são perdidos.

6.4.2 Teste sua carteira de hardware

Antes de guardar grandes quantias em uma nova carteira de hardware, você deve verificar a funcionalidade e a seed.

Quando você configura o dispositivo inicialmente, ele cria a seed pra você e você anota à mão (além do fornecedor, modelo e versão do software). Depois, você usa o software do fornecedor (ou outro software como o Electrum) e cria o primeiro endereço Bitcoin em sua carteira de hardware clicando em "Receber". Em seguida, envie uma pequena quantia para ele da carteira do smartphone instalada anteriormente. Se a quantia na carteira de hardware chegou - status "confirmado" - o primeiro teste foi bem-sucedido.

Além disso, tente enviar da sua carteira de hardware para outra carteira. Por exemplo, você pode enviar uma pequena quantia para sua carteira de smartphone ou outro endereço de sua carteira de hardware. Não importa particularmente. O principal é que você também está testando um pagamento da carteira de hardware. Para fazer isso, você deve verificar o endereço de recebimento na carteira de hardware e confirmar o envio com um ou mais cliques diretamente na carteira de hardware. Essa confirmação manual no dispositivo torna as carteiras de hardware seguras, pois somente você pode pressionar os botões e ninguém pode pressionar os botões virtualmente pela Internet.

Restaure sua carteira

Em seguida, certifique-se de ter seu backup/seed! Depois, exclua todos os dados da sua carteira de hardware. Alguns fornecedores chamam isso de "redefinição de fábrica", "limpar" ou "redefinir o dispositivo". Sua carteira está vazia. Agora restaure seus fundos e carteira com a seed. Isso é chamado de "Restaurar da palavra de recuperação", "Restaurar carteira" ou "Importar seed". Em seguida, insira sua frase inicial no dispositivo de hardware. Se tudo estiver correto, a carteira é restaurada e você pode ver suas transações e saldo anteriores.

Atualizar firmware e software

Não basta bloquear o dispositivo. Você deve procurar atualizações para o software ou atualizações de firmware pelo menos a cada 6 meses. O espaço criptográfico está se movendo rapidamente e novos desenvolvimentos são integrados ao software de carteira regularmente.

6.5 Smartphone perdido? Computador roubado?

6.5.1 Perda, roubo ou mau funcionamento do seu dispositivo

Se seu dispositivo for roubado, lembre-se de que seu bitcoin ainda está no blockchain sob sua chave privada. Como você definiu um PIN de acesso para a carteira, o ladrão não poderá abri-la. No entanto, eles ainda tentarão encontrar uma maneira de decifrar seu PIN.

Você deve instalar imediatamente uma nova carteira e importar a semente que manteve em segurança para recuperar o acesso aos seus fundos (consulte "restaurar sua carteira"). Em seguida, mova as moedas de sua carteira roubada para um novo endereço Bitcoin em sua nova carteira assim que puder, repetindo os mesmos procedimentos de configuração de segurança para a nova carteira.

Se o seu dispositivo for corrompido, você segue os mesmos passos, mas não há necessidade de correr para mover as moedas. Basta restaurar a carteira de software e pronto.

Notas

75 Anita Posch

76 Fonte @ElectrumWallet https://twitter.com/ ElectrumWallet/status/ 1144678604523147265?s=20

7. Preço do Bitcoin

7.1 Descoberta de preços

Não existe um preço oficial para o bitcoin. É determinado em tempo real separadamente em exchanges como Kraken, Bitstamp, Coinbase, Binance etc. Existem sites como CoinMarketCap, CoinGecko e BitcoinAverage https://anita.link/average que mostram uma média global dos preços de várias exchanges. Ou você pode ir diretamente ao site de uma das exchanges e procurá-lo.

O preço - que é a taxa de câmbio - é determinado pelas atividades dos compradores e vendedores de criptomoedas que estão negociando em tempo real. Mais demanda, preço mais alto. Menos oferta, preço mais alto. É por isso que o halving é um evento importante. Mesmo que a demanda permaneça a mesma, a oferta menor fará com que o preço suba.

Bitcoin é um mercado aberto. A função do mercado é descobrir qual é o valor real do bitcoin. O preço atual de qualquer commodity em um mercado aberto é o preço recente que as pessoas realmente concordaram e negociaram. Ninguém está definindo a taxa de câmbio, o preço do bitcoin é descoberto.

7.2 Preço diferente em uma região

Se você pesquisar a taxa de câmbio do bitcoin em diferentes países, encontrará diferenças entre as nações. Por exemplo, comprar bitcoin no Zimbábue com moeda local será mais caro do que com USD. Isso não ocorre porque o bitcoin é mais caro no Zimbábue, mas porque a demanda pela moeda local é menor. Você não pode mover seu dólar do Zimbábue para fora do país; até os zimbabuenses preferem USD. Portanto, as pessoas precisam pagar um prêmio para comprar bitcoin quando usam uma moeda de valor mais baixo.

7.3 Máximas Históricas

Uma boa página ver o preço do bitcoin desde o último All-Time High (ATH) é o Coingecko https://anita.link/ath

7.4 Calculadora Bitcoin

Em relação às dificuldades na conversão de satoshi para outras moedas, como a pergunta "Quanto é 0,05 bitcoin ou 10.000 satoshi na minha moeda fiduciária?":
Aqui está uma calculadora fácil de usar: https://anita.link/calc
Conversor de moeda Bitcoin: http://preev.com

8. Como investir em Bitcoin

Neste capítulo, exploraremos as diferentes maneiras de obter bitcoin. Em geral, isso ocorre comprando bitcoin, trocando-o por moeda fiduciária ou ganhando. Os métodos diferem no nível de auto-soberania e privacidade que você pode alcançar.

8.1 Comprando Bitcoin - Com Custódia

Em muitos casos, a primeira interação das pessoas com criptomoedas é por meio de exchanges custodiantes como Okcoin, Kraken, Coinbase, Binance, Bitpanda e Bitfinex, só para citar algumas.

Eles são chamados de custodiantes porque possuem as chaves do seu bitcoin. Você obtém uma carteira nessas plataformas, mas é mais como uma conta bancária, levando a riscos de contraparte, como hackers, apreensão ou confisco por governos.

A negociação nessas bolsas é feita fora da cadeia de blocos, o que significa que as transações não são liquidadas na blockchain, mas são gerenciadas apenas dentro dos bancos de dados da plataforma. Isso aumenta a velocidade das transações, mas ao mesmo tempo leva à falta de transparência e segurança.

Para adquirir bitcoin de forma custodial, você precisa abrir uma conta, cumprir um processo de registro KYC e AML e, em seguida, depositar dinheiro fiduciário na conta da plataforma. Após a chegada do seu dinheiro, você pode trocá-lo por bitcoin ou outras criptomoedas.

Conforme mencionado no capítulo "A Escadaria da Soberania Financeira", para mitigar os riscos de contraparte das carteiras de custódia, você deve enviar seus fundos para sua própria carteira ou pular essas exchanges e deixar de custodiar com terceiros imediatamente.

8.2 Comprando Bitcoin - Sem Custódia

Manter bitcoin de maneira não custodial (auto-hospedado) é o resultado desejado. Isso torna suas transações sem censura e oferece liberdade máxima sobre seus fundos. Você pode conseguir isso comprando bitcoin no lugar certo para começar.

8.2.1 Corretor de Bitcoin

Um corretor é uma empresa que permite que você compre bitcoin sem custódia. Por serem empresas registradas, são totalmente regulamentadas e você precisa ser identificado e passar pelos procedimentos AML/KYC. Os corretores de Bitcoin enviarão a quantidade de bitcoin que você comprou diretamente para o seu endereço Bitcoin (sua carteira, onde você guarda a seed).

Apenas para citar alguns exemplos de corretores Bitcoin:

- AnyCoin direct https://anycoindirect.eu
- Bity https://bity.com
- Coinfinity https://anita.link/coinfinity
- Coinnexus https://coinnexus.ch/en funciona sem verificação até CHF 1.000 por ano.

8.2.2 Compra ponto a ponto pessoalmente

Você pode visitar um dos muitos encontros de Bitcoin ao redor do mundo, conectar-se com outros Bitcoiners e pedir-lhes para lhe vender algum bitcoin por dinheiro. Em muitos países, as pessoas se reúnem em grupos do Telegram ou do Facebook para encontrar colegas para trocar pessoalmente.

8.2.3 Compra on-line ponto a ponto

As principais exchanges P2P do mundo

- LocalBitcoins https://localbitcoins.com
- Paxful https://paxful.com

8.2.4 Caixas eletrônicos Bitcoin

Um caixa eletrônico Bitcoin é uma máquina semelhante a um caixa eletrônico, onde você pode comprar bitcoin e outras criptomoedas com dinheiro. A vantagem dos caixas eletrônicos Bitcoin é que você recebe seu bitcoin instantaneamente e em muitos lugares, até um certo limite, sem identificação KYC/AML. Mas tenha cuidado, pois muitos operadores de caixas eletrônicos cobram taxas acima da média.

- Mapa do ATM Bitcoin https://bitcoinatmmap.com
- Caixas eletrônicos Bitrawr https://bitrawr.com/bitcoin-atms
- CoinATM Radar https://coinatmradar.com

8.2.5 Vales-presente e vouchers Bitcoin

Na Áustria, por exemplo, é possível comprar cartões-presente 'Bitcoinbon' em postos de gasolina e em quiosques. Esses cartões-presente são frequentemente encontrados nos expositores onde também são vendidos cartões de crédito para celular ou presentes da Amazon, etc. Você pode comprar cartões-presente bitcoin sem configurar uma carteira e sem registro. Se você quiser converter o valor dos cartões em moedas, você configura uma carteira e resgata as moedas.

- Azteco https://azte.co
- Bitcoinbon https://bitcoinbon.at
- Bitpanda to go https://bitpanda.com/de/togo
- Coincola https://www.coincola.com/buy-bitcoin/gift-cards
- Paxful https://paxful.com

8.3 Bitcoin sem KYC

8.3.1 KYC/AML

KYC e AML significam os regulamentos "Know Your Customer" (conheça seu cliente) e "Anti-Money Laundering" (anti lavagem de dinheiro). Todos os bancos e casas de câmbio registradas devem cumprir essas leis nacionais registrando informações do cliente, como:

- Nome

- Endereço
- Número de telefone
- Carteira de motorista
- Identidade Governamental, Registro Geral
- Uma selfie segurando um pedaço de papel com o nome da exchange e a data
- Uma chamada de vídeo com a central

Agora, pode-se argumentar que precisamos encontrar criminosos, terroristas, lavadores de dinheiro etc. e, portanto, esses regulamentos fazem sentido. O problema é que os bancos frequentemente regulam demais; eles exigem mais dados do que o necessário e rastreiam cada transação que, em combinação com o dinheiro digital, se transforma em uma máquina de vigilância pior do que George Orwell jamais imaginou. Enquanto apontamos e criticamos a moeda digital do banco central da China e seu programa de crédito social exagerado, estamos construindo sistemas semelhantes que invadem massivamente a privacidade das pessoas.

A KYC/AML não impediu o Deutsche Bank, o HSBC e muitos outros grandes players de lavar dinheiro, mas impede que bilhões de pessoas sem identidade participem de atividades econômicas. Requer enorme burocracia, altos custos e coloca sua privacidade em risco por causa de vazamentos de dados. As exchanges sabem quanto você comprou, quando você comprou, suas informações bancárias e os endereços para os quais você saca.

Com KYC/AML e mantendo seu bitcoin em uma exchange, você também quebra a resistência à censura do Bitcoin. Muitas exchanges trabalham em conjunto com empresas de vigilância de blockchain, que cooperam em muitos casos diretamente com o governo. Através da transparência do blockchain do Bitcoin, qualquer empresa de análise de cadeia pode acompanhar sua atividade. As exchanges podem congelar sua conta ou bloquear sua retirada.

Embora eu não ache que os governos serão capazes de proibir efetivamente o uso do Bitcoin - seria como proibir as pessoas de pensarem, pois elas só precisam se lembrar de sua seed -, eles poderiam tentar confiscá-lo, assim como os EUA fizeram com o ouro. Se algo assim aconteceu, e você deixou seu dinheiro em uma exchange - então está praticamente perdido.

A ordem executiva 6102, assinada em 5 de abril de 1933 pelo presidente dos Estados Unidos, Franklin D. Roosevelt, proibia o entesouramento de ouro. Em 1975, os americanos podiam legalmente possuir ouro novamente. Satoshi Nakamoto listou seu aniversário como 5 de abril de 1975. Claro que não é coincidência. Mostra as intenções de Satoshi, que o Bitcoin é sobre liberdade financeira.

Para obter mais informações sobre como o sistema financeiro atual é injusto com bilhões de pessoas em todo o mundo, ouça minha entrevista em podcast com Zachary Kelman, https://anita.link/80, um advogado especializado em questões políticas, jurídicas e questões regulatórias dentro e ao redor do Bitcoin.

8.3.2 Obtendo Bitcoin Sem-KYC

Para comprar bitcoin sem identificação do usuário, você pode:

- ganhá-lo
- construir algo de valor e pedir doações
- vender coisas que você não precisa mais
- compre de um amigo ou em um encontro local
- compre em um caixa eletrônico Bitcoin
- compre cartões-presente bitcoin
- vá a lojas físicas onde você pode comprar ou vender bitcoin
- use exchanges descentralizadas como
- Hodlhodl https://hodlhodl.com
- Bisq https://bisq.network/
- LocalCoinSwap https://localcoinswap.com/buy-sell/BTC
- LocalCryptos https://localcryptos.com/Bitcoin
- Sovryn https://live.sovryn.app

Fontes de câmbio: https://kycnot.me/,
https://github.com/cointastical/P2P-Trading-Exchanges/

8.4 Custos para comprar Bitcoin

Quando você compra criptomoedas, você tem que pagar taxas para o provedor de serviços, assim como quando você troca para uma moeda estrangeira quando viaja para um país diferente. O preço pelo qual você troca é determinado pelo provedor de serviços (consulte o capítulo Preço do Bitcoin). Normalmente, este é o preço de mercado mais uma sobretaxa pelo serviço. Como cada exchange tem seu próprio preço de bitcoin e diferentes estruturas de taxas, existem grandes diferenças nos custos de negociação entre elas. Você pode economizar dinheiro comparando as taxas de negociação ao escolher uma plataforma específica.

Existem três pontos que determinam os custos para comprar bitcoin, cada provedor de serviços tem o seu:

- Preço de mercado do Bitcoin
- Taxas de negociação para o seu serviço
- Taxas de transação, que podem ser incluídas na taxa de negociação.

8.5 Navegador de carteira

Há uma variedade de provedores de carteira e mais estão sendo lançados ao longo do tempo. Você tem que decidir se quer um que seja apenas para Bitcoin ou um para várias moedas. Cada carteira oferece diferentes funcionalidades, níveis de segurança e níveis de suporte para diferentes conjuntos de moedas. As perguntas a seguir ajudarão você a escolher o tipo básico de carteira que será adequado às suas necessidades. Você ainda precisará pesquisar qual fabricante suporta quais moedas.

8.5.1 Etapa 1 - Selecione a carteira

Gostaria de poder pagar com a carteira regularmente?
Se você não usa celular nem computador e não deseja enviar pagamentos, pode usar a Card Wallet. Você pode enviar bitcoin ou ether para ela e salvá-los. Assim que você quiser pagar, você precisará instalar uma carteira. Se você deseja fazer pagamentos regulares, uma carteira de software, possivelmente em combinação com autenticação de hardware, como Trezor ou BitBox02, é mais apropriada.

Deseja manter o software e um dispositivo atualizados?
Não? Então, novamente, a Card Wallet é a escolha certa para você. Você não precisa se preocupar com a manutenção de um dispositivo.

O valor que você planeja ter na carteira será...
Semelhante à carteira normal no seu bolso: normalmente uma carteira móvel é suficiente. É gratuito e suficiente para pequenas quantidades.

Semelhante à sua conta bancária: use uma carteira de hardware. As carteiras de hardware são muito procuradas nas altas do Bitcoin e muitas vezes esgotadas (lembre-se disso em sua organização).

Existe um ajudante estendido no site Bitcoin.org https://bitcoin.org/en/choose-your-wallet, que você também pode usar. Ele o guiará pela seleção com base no sistema operacional (móvel, desktop, carteira de hardware) que você escolher.

8.5.2 Etapa 2 - Faça um backup de suas chaves

Anote a seed mnemônica - 12 a 24 palavras em inglês, o nome, tipo e versão do software de sua carteira e guarde-os em um local seguro.

8.5.3 Passo 3 - Compre Bitcoin

A maioria das carteiras inclui a capacidade de comprar bitcoin diretamente em sua interface. Os fabricantes de carteiras estão cooperando com as exchanges, que em troca pagam uma comissão. Se eu precisar usar uma exchange, prefiro selecionar uma anterior e externamente da carteira. Dessa forma, fico independente do tipo de carteira, posso usar essa exchange para enviar bitcoin para todas as minhas diferentes carteiras e só tenho que deixar meus dados KYC nessa troca, reduzindo o risco de violações de dados. Usar métodos não custodiais e sem KYC é ainda melhor.

Representação [77]

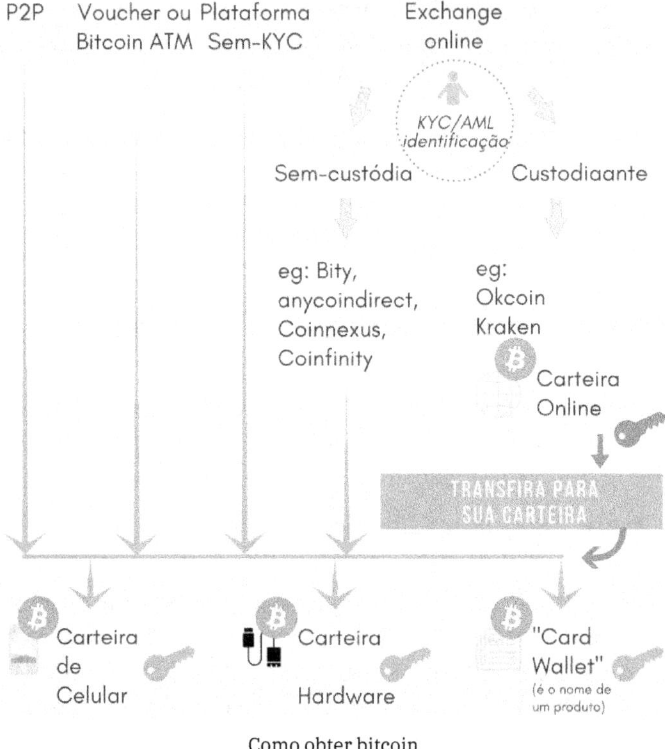

Como obter bitcoin

8.6 Estratégia

8.6.1 Como desafiar a volatilidade

Existe uma maneira muito boa de evitar a volatilidade do bitcoin ao usá-lo como pagamento. Quando você gasta bitcoin em algo, você reabastece sua carteira imediatamente comprando de volta esses bitcoins com dinheiro fiduciário após a transação. Dessa forma, você não perde dinheiro porque o preço do bitcoin permanece quase o mesmo em tão pouco tempo.

8.6.2 Crie um Plano de Aportes

Adquira uma pequena quantia de bitcoin periodicamente - todos os dias/semanas/mês. Isso também é conhecido como preço médio em dólar (dollar cost averaging - DCA) - ou preço médio fiduciário (fiat cost averaging - FCA). Ao espaçar suas compras, você equilibra a volatilidade do preço do bitcoin por um longo período de tempo.

Em sites como o Bitcoin Dollar Cost Average você pode calcular as diferenças de retornos para várias estratégias de compra (https://www.bitcoindollarcostaverage.com/).

Serviços FCA somente Bitcoin

Áustria, Alemanha: Coinfinity https://coinfinity.co/sparplan/?ref=6716
França: StackinSat https://www.stackinsat.com
Europa: Relai https://relai.ch
Reino Unido: Coincorner https://www.coincorner.com, xsats https://xsats.com
Austrália: Bitaroo https://bitaroo.com, Amber App https://amber.app
Canadá: Bull Bitcoin https://bullbitcoin.com
Nigéria: Bitnob https://bitnob.com
EUA: Swan Bitcoin https://swanbitcoin.com, River https://river.com

8.6.3 Negociação

Existem inúmeros especialistas em negociação on-line que dizem aos iniciantes como "ler o mercado" e prever o movimento do preço do bitcoin. Eles tentam vendê-lo software de negociação e seminários. Pare. Não gaste seu tempo e dinheiro tentando fazer isso. Você não pode cronometrar o mercado. Os grandes jogadores vão te liquidar. Além disso, você pagará muitas taxas de negociação e lembre-se de que talvez seja necessário rastrear todos os movimentos de negociação por motivos fiscais. Em alguns países, seus ganhos em bitcoin são isentos de impostos se você não trocar as moedas por 12 meses. Cada negociação pode ser um novo evento tributável.

8.6.4 Altcoins

Altcoins é a abreviação de moedas alternativas. Estes são todos os ativos criptográficos que foram criados após o Bitcoin. Muitos iniciantes seguem o conselho de "diversificar seu portfólio" e começam a negociar seus bitcoins por altcoins. Milhares de altcoins estão listados no Coinmarketcap. Você não conseguiria pesquisar todos eles e a maioria não está mais sendo desenvolvida e não tem valor. O Bitcoin é o pioneiro e o ativo com o maior efeito de rede. Minha opinião pessoal é, se você quer diversificar, faça isso com seu conhecimento. Aprofunde-se na toca do coelho do Bitcoin, aprenda a auto-custódia, aprenda a configurar um nó, aprenda sobre novos desenvolvimentos como DeFi no Bitcoin ou aprenda como ganhar bitcoin.

8.6.5 Se eu tivesse apenas... estou muito atrasado

Se você comprou Bitcoin em 2011 e guardou você está muito rico agora. Isso é verdade e eu parabenizo sem inveja, porque você foi uma das poucas pessoas que acreditaram no Bitcoin e estavam prontas para colocar seu dinheiro arduamente ganho em um experimento arriscado. Nenhum dos primeiros adeptos sabia que o Bitcoin subiria como subiu. Era muito difícil proteger suas chaves naquela época e muitos bitcoins foram perdidos ou roubados. Se você tivesse conseguido e preservado suas moedas, você poderia ter vendido tudo em 2014, talvez 2017? É inútil refletir sobre "e se". Ainda estamos nos primeiros dias. Se você está começando a se educar e usar o Bitcoin agora, ainda está muito à frente das massas. Nunca é tarde para aprender sobre Bitcoin.

Representação [78]

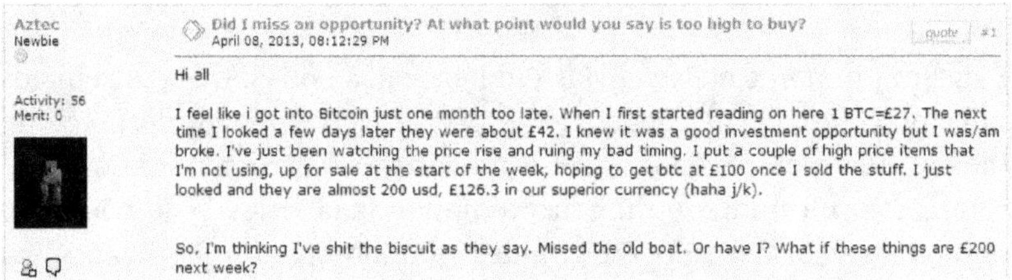

Aqui está alguém pensando em chegar tarde demais em 2013

8.6.6 Impostos

Não sou consultor fiscal, mas o que posso dizer é que conheça os regulamentos e os requisitos fiscais da sua jurisdição. A blockchain do Bitcoin é transparente e cada vez mais autoridades fiscais exigirão que as exchanges entreguem seus dados comerciais. Guarde os comprovantes de suas compras caso as autoridades comecem a investigar.

Notas

77 Anita Posch

78 Fonte BitcoinTalk https://bitcointalk.org/index.php?topic=170725.0

9. Usando Bitcoin

9.1 Taxas de transação

Uma taxa de mineração deve ser paga para cada transação bitcoin e essas taxas são necessárias para que a operação da rede Bitcoin continue. O trabalho dos mineradores é recompensado com essas taxas e bitcoins recém-criados. A mineração é um fator essencial no protocolo Bitcoin. Depois que um bloco de transações é minerado, ele é anexado ao blockchain. Esta é a maneira de garantir a segurança da rede. Como o Bitcoin tem um limite de oferta fixo de 21 milhões de moedas, os mineradores não receberiam mais nenhuma remuneração por seu desempenho após atingir esse fornecimento máximo e não teriam mais interesse em processar transações e, assim, manter o blockchain. Portanto, Satoshi Nakamoto introduziu taxas de transação. De acordo com o white paper, o objetivo é manter essas taxas mais baixas do que as taxas e custos comparáveis do sistema bancário tradicional. No entanto, não é verdade que as transferências sejam gratuitas simplesmente porque, em teoria, não há necessidade de intermediários ou bancos.

Quando você está comprando bitcoin por meio de uma exchange, a taxa de transação (taxa de mineração) geralmente não é ajustável e é fixada pelo provedor.

Na sua carteira Bitcoin sem custódia, você mesmo pode determinar a taxa de transação para pagamentos efetuados. Quanto mais alta você definir a taxa, mais rápido sua transação será processada pelos mineradores, porque eles escolhem as transações com as taxas mais altas primeiro. Se a sua transferência não for sensível ao tempo, você pode escolher uma taxa mais baixa.

Para ter mais controle, você pode estimar a taxa e a velocidade de confirmação em páginas como Mempool.space https://mempool.space/ ou Johoe's Bitcoin Mempool https://jochen-hoenicke.de/queue/. Esses sites exibem o número e o tamanho de todas as transações não confirmadas. Eles dão uma visão em tempo real e mostram como o Mempool evolui. As transações são coloridas pelo valor da taxa paga por byte (virtual).

Representação [79]

Visualização em tempo real de transações não confirmadas

Abaixo você pode ver as configurações na carteira Edge. Você pode
escolher um dos intervalos da taxa de transação padrão ou um valor
personalizado.

Representação [80]

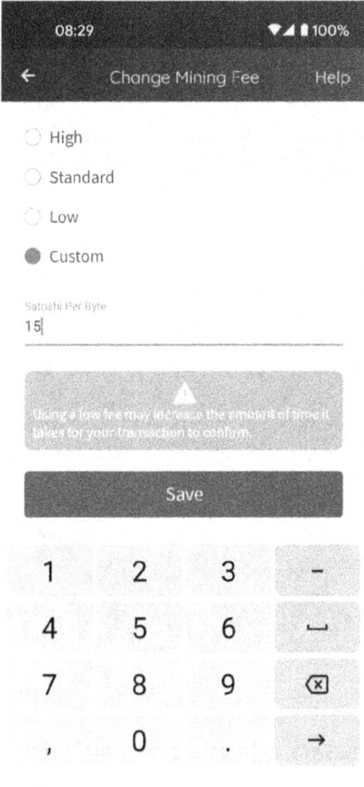

Configurações de taxa de transação na carteira Edge

Transação pendente

Como novos blocos são extraídos a cada 10 minutos, levará em média pelo menos 10 minutos até que sua transação seja confirmada. Se você definir a taxa de transação muito baixa, sua transação poderá ficar pendente por um período mais longo, pois o Mempool é liberado e os mineradores começam a incluir novamente transações com taxas mais baixas. Aqui você vê uma das minhas transações que ficou presa no Mempool por um mês.

Representação [81]

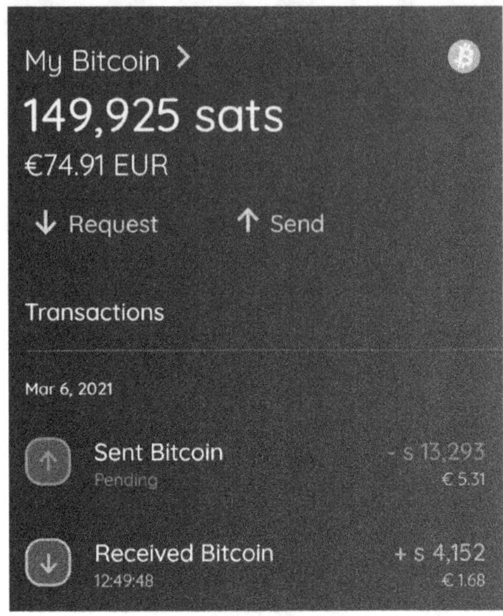

Transação pendente

Você pode consultar o status de sua transação em um Blockchain explo-
rer https://blockchair.com. Como você pode ver abaixo, minha transação
está a 4.717 ranks de ser minerada com um total de 41.610 transações
no Mempool. Eu escolhi uma taxa de 5 sat por vbyte.

Representação [82]

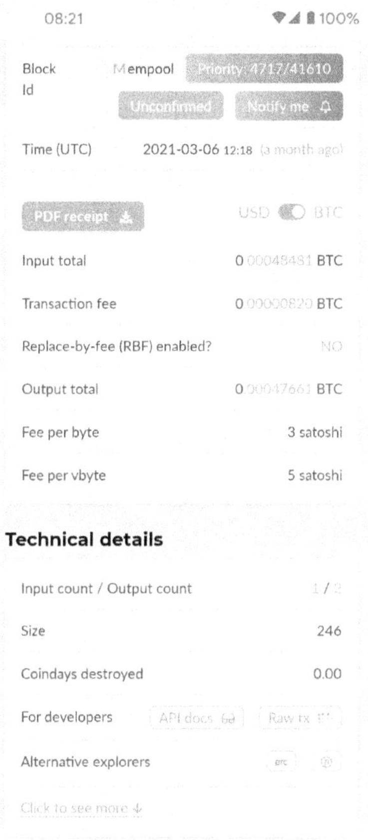

Status da transação conforme mostrado no blockexplorer

Você não precisa seguir as etapas abaixo para confirmar sua transação original. A maioria das transações com taxas baixas permanece válida por dias e, eventualmente, será confirmada. No entanto, existem duas maneiras de resolver o problema da transação travada e confirmá-la mais cedo.

Uma transação enviada está travada

- Replace-by-fee (RBF): algumas carteiras permitem que você defina essa opção como sim antes de enviar uma transação. Nesse caso, se a transação original travar, você poderá definir uma taxa mais alta e reenviar a transação.

Uma transação de entrada está travada

- O filho paga para os pais (Child pays for parent - CPFP): você pode pensar nisso como um pai com dinheiro insuficiente para suas despesas, então seu filho paga a diferença em nome do pai. CPFP é uma técnica através da qual você pode aumentar lentamente suas transações de confirmação de entrada fazendo uma nova transação com taxas mais altas (transação filha) usando as saídas (fundos) da transação anterior (transação pai) que está travada.

Consulte a documentação da carteira que você está usando para obter instruções detalhadas.

9.2 Compre algo com Bitcoin

Aqui estão alguns diretórios com lojas onde você pode gastar bitcoin.

- Aceito aqui https://www.acceptedhere.io
- Serviços B2B que aceitam BTC https://cryptwerk.com/companies/b2b/btc/
- Coinmap https://coinmap.org/view/ lojas físicas que aceitam Bitcoin
- Diretório Gastando Bitcoin https://spending-bitcoin.com/
- Diretório UseBitcoins https://usebitcoins.info/

9.3 Cartões de débito Bitcoin

Você pode usar um cartão de débito Bitcoin para comprar qualquer coisa como qualquer outro cartão de débito bancário. A diferença é que é carregado com bitcoin ou altcoins. Os comerciantes são pagos em sua própria moeda pela empresa de débito e a cobrança será deduzida do seu saldo de bitcoin, o que permite que você viva exclusivamente através do bitcoin.

Você precisará depositar seu bitcoin na empresa do cartão de débito, o que significa que você dá o controle sobre suas moedas a terceiros. Deposite apenas o quanto você precisa no cartão e verifique as taxas que essas empresas de cartão cobram.

Uma pequena lista de cartões que estão disponíveis no momento: Cryptocom Visa, Binance, Bitpanda Visa, Coinbase Visa, Wirex Visa, BlockCard, Cryptopay, Nexo, Bitwala Visa, BitPay Visa, Cash App

9.4 Gastar e Receber

A seguir estão as ferramentas e serviços que permitem que você gaste e receba BTC em sua vida diária.

- Bity https://bity.com/products/crypto-online-bill-pay/ pague contas online com bitcoin
- Cash App https://cash.app/bitcoin compre e venda BTC diretamente do seu saldo do Cash App
- Strike https://global.strike.me/ envie e receba pagamentos internacionais instantâneos, remessas instantâneas e com acesso total à rede Bitcoin
- Swapin https://www.swapin.com/ pague qualquer pessoa em EURO usando sua criptomoeda
- Bitrefill https://www.bitrefill.com/ compre vales-presente e recargas de telefone

Notas

79 Captura de tela por Anita Posch https://mempool.space

80 Captura de tela de Anita Posch, carteira Edge

81 Captura de tela de Anita Posch, carteira Edge

82 Captura de tela de Anita Posch, Blockchair

10. Ganhe Bitcoin

Ganhar Bitcoin é realmente a melhor maneira de adquiri-lo: registro limitado ou sem registro, verificação de identidade KYC limitada ou sem taxas de negociação. Alguns desses serviços estão disponíveis apenas nos EUA ou em outras regiões específicas do mundo. Como o espaço Bitcoin está em rápido desenvolvimento, este capítulo pode ser apenas uma observação para o que está por vir.

10.1 Quadros de empregos Bitcoin

Encontre um emprego ou um cliente para ganhar Bitcoin pelo seu trabalho.

- BitGigs https://bitgigs.com
- CanWork https://www.canwork.io
- Freelance For Coins https://freelanceforcoins.com/projects
- Trabalhando para Bitcoin https://workingforbitcoins.com

10.2 Tarefas Online

Ganhe satoshis concluindo pequenas tarefas.

- Stakwork https://stakwork.com
- Microlancer https://microlancer.io
- Sats 4 Likes https://sats4likes.com

10.3 Converta seu salário

- Bitwage https://www.bitwage.com/ como funcionário ou freelancer, você pode ganhar seu salário em bitcoin em vez de fiduciário. Os empregadores também podem usar este serviço para pagar sua equipe em bitcoin. Entrevista com o fundador Jonathan Chester https://anita.link/106.

10.4 Recebendo Doações ou Pagamentos

Como organização sem fins lucrativos, blogueiro ou podcaster, você pode receber facilmente dicas em bitcoin/satoshis com estes serviços:

- Geyser https://geyser.fund é uma plataforma global de crowdfunding que ajuda os construtores e criadores de Bitcoin a financiar suas idéias.
- Tippin.me https://tippin.me lets you receive lightning bitcoin tips on your website and Twitter without fees
- Tallyco.in https://tallyco.in a crowdfunding platform. You can receive payments in BTC and micro-payments via Lightning at zero fees
- Lightning Gifts https://lightning.gifts create fee-less bitcoin gift vouchers to share with friends & family and your audience

10.5 Criadores de Conteúdo e Podcasting 2.0

Com o advento da Lightning Network, um novo método verdadeiramente inovador de enviar valor e pagar por conteúdo na Internet foi inventado. Streaming money, termo cunhado por Andreas M. Antonopoulos, permite que músicos, criadores de vídeo e podcasters ganhem dinheiro em tempo real, sem intermediários. Você só precisa de uma carteira que tenha podcasts integrados, um pouco de bitcoin e pode começar a ouvir pagando por minuto. O objetivo do Podcasting 2.0 e do dinheiro do streaming é liberar os criadores de conteúdo e o público de anúncios, censura e vigilância. O pagamento é voluntário, sem taxas de assinatura e sem pré-pagamento. Esteja ciente de que, no momento da redação, todos esses serviços estão em constante desenvolvimento. Mais sobre o fundo do podcasting 2.0 em uma entrevista comigo https://anita.link/pod2.

Representação [83]

09:45 ▼◢ ▯ 33%

 Breez

 The Anita Posch Show: A Bitcoin
Anita Posch

 The Jose Burgos Podcast
Jose A. Burgos

 The Lock Sportscast
Charles Current

 A New Low
A New Low

 RipTown Radio
RipTown Radio

 The Forensic KOP
TheForensicKop

 A Boy Named Pseu
Mr Pseu

 My Family Thinks I'm Crazy
Mark Palmer S. Jr.

 bitcoinheiros
Bitcoinheiros do Brasil

- Breez https://breez.technology/ Uma carteira relâmpago sem custódia para ouvir podcasts
- PodFriend https://web.podfriend.com/ Leitor de podcast
- Extensão do navegador Podstation https://podstation.github.io/ para podcasts
- Sphinx Chat https://sphinx.chat/ Aplicativo de bate-papo e podcasting para ouvintes e podcasters com seu próprio nó
- Satoshis.stream https://satoshis.stream/ configuração fácil para podcasters sem nó próprio
- LN Cast https://lncast.com/ podcasts da Lightning Network, pague uma pequena quantia de satoshis e doe para ouvir seu podcast favorito
- LN Pay https://lnpay.co/ Configure paywalls para seu conteúdo, pagáveis com lightning
- WordPress Lightning Paywall https://btcpaywall.com
- Scarce.City https://scarce.city/ Leilões lightning de bens e arte Bitcoin - Entrevista com o fundador Chris Tramount https://anita.link/91
- Sparkshot https://sparkshot.io/ Artistas podem vender seus trabalhos por bitcoin

10.6 Comércio

- Breez https://breez.technology/#business aplicativo de ponto de venda fácil de usar para comerciantes, restaurantes, cafés... para começar a aceitar pagamentos em bitcoin.
- BTC Pay Server https://btcpayserver.org/ é um processador de pagamento de criptomoeda de código aberto auto-hospedado para comércio eletrônico. É seguro, privado, resistente à censura e gratuito. Você pode conectá-lo à sua loja online, gerar faturas para sua contabilidade e ganhar bitcoins por meio de lightning. Com integrações para WooCommerce, Shopify, Drupal, Magento, PrestaShop, Shopware.
- Confirmo https://confirmo.net/ aceita pagamentos com plugins para lojas online populares.
- Globee https://globee.com/ aceita bitcoin com GloBee, eles oferecem plugins de código aberto para todas as principais plataformas de comércio eletrônico por uma comissão (custodial).
- OpenNode https://www.opennode.com/ pagamentos em bitcoin para empresas, plugins de comércio eletrônico, páginas de pagamento hospedadas (custodial).

10.7 Cashback e Faucets

- Fold https://foldapp.com/ ganhe bitcoin em cada compra com seu cartão VISA
- Lolli https://www.lolli.com/ ganhe bitcoin ao comprar em mais de 1.000 lojas
- Satsback https://satsback.com ganhe sats de volta em lojas online
- Purse https://purse.io use bitcoin para comprar na Amazon e ganhe desconto
- Satsy https://satsy.com/ ganhe sats enquanto faz compras online, responde a pesquisas e joga

10.8 Jogos

- Thndr Games https://thndr.games ganhe prêmios em bitcoin enquanto joga

- Zebedee https://zebedee.io/ com a Carteira ZEBEDEE você pode jogar com bitcoin, enviar pagamentos dentro de aplicativos de mensagens, coletar doações em sua transmissão ao vivo e muito mais
- Plataformas de jogos Satoshis Games https://satoshis.games/ e um mercado NFT para artistas

10.9 Ganhe através de investimento

- SunExchange https://thesunexchange.com/ compense sua pegada de carbono, compre células solares e ganhe bitcoin - Entrevista com o fundador Abe Cambridge https://anita.link/104
- Blockstream Mining Note, STOKR https://blockstream.com/finance/bmn/ participa da mineração Bitcoin comprando o token de segurança STOKR

10.10 Mineração

Esteja ciente, existem muitos golpes de mineração por aí. Até eu me apaixonei por um há alguns anos. É por isso que eu nunca toquei nessa possibilidade novamente. Agora, mais negócios legítimos estão sendo lançados nesse espaço.

- Compass https://compassmining.io Um serviço que ajuda a comprar, instalar e hospedar hardware de mineração
- Blockstream Mining https://blockstream.com/mining/ hospede suas plataformas de mineração com as instalações e gerenciamento de mineração de classe empresarial da Blockstream

10.11 Empréstimos

Esteja ciente dos riscos associados ao empréstimo de sua bitcoin, especialmente para plataformas de custódia centralizadas.

- DeFi Rate https://defirate.com/ Visão geral das taxas de empréstimo

Custodia

- BlockFi https://blockfi.com/
- Coinloan https://coinloan.io/
- Coinrabbit https://coinrabbit.io/
- Crypto.com https://crypto.com/earn
- Nexo https://nexo.io/borrow
- SpectroCoin https://spectrocoin.com/

Sem custódia

- LEND at Hodl Hodl https://lend.hodlhodl.com/ Plataforma de empréstimo não custodial global P2P apoiada por Bitcoin
- Sovryn https://sovryn.app é um sistema baseado em contrato inteligente sem custódia e sem permissão para empréstimos e negociação de margem de Bitcoin.

Notas

83 Capturas de tela de Anita Posch, recuperadas em março de 2021, carteira Breez

11. O futuro é agora

"O futuro é um canteiro de obras." - **Anita Posch**

Agora que você tem uma compreensão mais profunda do Bitcoin e como usá-lo, podemos mergulhar nos desenvolvimentos futuros que acho que terão um impacto enorme. Esta parte foi co-autoria de Mark Kersley com partes retiradas de: conversa de Andreas M. Antonopoulos https://anita.link/future

11.1 Finanças Descentralizadas - DeFi

Uma categoria intrigante de novos aplicativos é chamada de finanças descentralizadas, ou DeFi. As finanças descentralizadas visam expandir a liberdade monetária oferecida e inspirada pelo Bitcoin e introduzir esses recursos em todo o ecossistema de criptomoedas. É muito bom possuir bitcoin ou outros ativos descentralizados, mas quando a maioria das pessoas vai comprar, vender ou até mesmo manter seus ativos a longo prazo, eles usam uma entidade centralizada, como uma exchange.

Ao usar entidades centralizadas, essas pessoas estão se expondo a riscos como KYC, reservas fracionárias, hacks e manipulação interna. O DeFi oferece uma alternativa mais confiável por meio do uso de contratos inteligentes programáveis. Criptoativos são digitais e, como tal, são programáveis. As plataformas DeFi usam contratos pré-programados para realizar tarefas que antes estavam disponíveis apenas por meio de entidades centralizadas, como swaps, negociação de margem, empréstimos, staking e muito mais. Ao remover os 'intermediários' centralizados e, em vez disso, usar contratos publicamente visíveis, o DeFi fornece uma camada financeira mais justa ao ecossistema de criptomoedas. As possibilidades do DeFi ainda estão sendo descobertas e construídas. Um dia, todo o sistema financeiro global pode ser descentralizado.

A maioria dos aplicativos DeFi são desenvolvidos e executados na rede Ethereum (ETH) - o segundo maior ativo criptográfico por valor de mercado no momento da redação. O Ethereum é muito amigável ao desenvolvedor e se concentra no desenvolvimento de contratos inteligentes por meio de linguagens como Solidity. Portanto, tem sido o terreno de incubação perfeito para plataformas DeFi nos últimos anos. Casos de uso populares para DeFi no Ethereum são exchanges descentralizadas (DEXs), plataformas de empréstimo e moedas estáveis atreladas como USDT.

As plataformas DeFi podem utilizar tokens de outras cadeias por meio de um processo chamado encapsulamento (wrap). Isso envolve o envio de um ativo de outro blockchain e atrelá-lo (peg) a um contrato inteligente. Vamos usar 1 bitcoin como exemplo. O contrato inteligente irá manter (bloquear) o bitcoin enviado para ele e cunhar a versão equivalente desse bitcoin na rede Ethereum. Exemplos disso são o bitcoin encapsulado (WBTC) e o bitcoin Ren (renBTC). Esses tokens atrelados podem ser usados no aplicativo DeFi no lugar do ativo original e, como o contrato inteligente mantém o ativo original, não pode haver problema de 'gasto duplo'. Quando um usuário deseja retirar seus ativos de volta para sua cadeia nativa, o contrato inteligente queimará o token que cunhou e enviará ao usuário seu ativo original na cadeia nativa. Esse processo permite que o DeFi funcione para praticamente qualquer token digital.

O desenvolvimento do Bitcoin é mais lento e tem uma abordagem mais conservadora do que muitas outras blockchains como o Ethereum. Isso por um bom motivo: segurança. Mas os desenvolvedores no espaço Bitcoin não estão dormindo, além da Lightning Network, muitas plataformas e aplicativos nativos do Bitcoin foram desenvolvidos.

11.1.1 Protocolos e plataformas nativos do Bitcoin

11.1.1.1 Rootstock

Rootstock (RSK) é uma rede que procura trazer recursos de contrato inteligente para o Bitcoin. É minerado por fusão com o Bitcoin, o que significa que entre 40 e 75% dos mineradores de Bitcoin realmente processam as transações da rede RSK. Isso significa que a RSK é protegida por mais poder de hash que qualquer outra blockchain do mundo, excluindo o Bitcoin, é claro. Da mesma forma que as soluções Ethereum, a RSK usa o processo de encapsulamento para introduzir bitcoin na rede. No entanto, como a própria rede é minerada por mineradores de Bitcoin, ela pode ser considerada a rede mais segura e confiável para construir o DeFi atualmente. Ele tem mais apelo para Bitcoiners e aqueles que desejam soluções DeFi para Bitcoin, mas não desejam perder a descentralização, falta de confiança e segurança oferecidas pela rede Bitcoin.

O Rootstock está em desenvolvimento desde 2014 e lançou sua rede principal em 2018. A rede RSK rápida, processa cada bloco em 15-30 segundos. Os aplicativos podem ser construídos em cima do RSK usando técnicas semelhantes ao Ethereum, como com a linguagem de desenvolvimento Solidity. Os custos de gás para RSK são significativamente menores do que os do Ethereum; no momento em que escrevo, as transações Ethereum custam em média $ 60, enquanto as transações RSK custam em média $ 0,50. Devido à sua velocidade e potencial de personalização, os rollups podem ser introduzidos em aplicativos construídos no Rootstock para diminuir ainda mais a velocidade e os custos de transação, potencialmente tão baixos quanto $ 0,01 por transação.

11.1.1.2 Sovryn

Sovryn é um exemplo de uma dessas plataformas sendo construída na rede Rootstock. A Sovryn está criando uma plataforma DeFi para bitcoin, bem como muitos outros ativos por meio de pontes (bridges) para outras cadeias, incluindo Ethereum e Binance Smart Chain (BSC). É um sistema baseado em contrato sem custódia e sem permissão usado principalmente para empréstimos e negociação de margem de bitcoin. Não há KYC na Sovryn e nunca exige custódia de seus fundos, * sem suas chaves, sem suas moedas! Atualmente, possui uma exchange spot de baixo custo, negociação de margem, empréstimos, fornecimento/mineração de liquidez e algumas funcionalidades de token não fungível (NFT). Ele usa um relé fastBTC para converter rapidamente bitcoin em Rootstock Smart Bitcoin (rBTC) para uso no Sovryn. Desenvolvimentos futuros trarão vários ativos de várias cadeias para a Sovryn, bem como um mercado NFT, plataforma de lançamento de tokens, swaps perpétuos e moedas estáveis lastreadas em bitcoin sobrecolateralizado como garantia. A visão da Sovryn não é ser apenas mais uma plataforma DeFi, mas o sistema operacional financeiro do mundo.

A Sovryn não é uma empresa ou entidade centralizada. Consiste em muitos contribuidores cujo objetivo é criar a camada monetária sem confiança que idealmente deveria ter sido criada em cima do Bitcoin há muito tempo. Sovryn garante a governança descentralizada do protocolo por meio de uma forma de sistema democrático chamada Bitocracia, uma versão evoluída de uma vetocracia. Isso envolve participação (staking) de tokens SOV em troca de poder de voto e recompensas de taxas. Todas as decisões em nível de protocolo devem passar por votação na Bitocracia para serem implementadas. O mecanismo de staking garante que os eleitores sejam incentivados a fornecer votos educados a favor de propostas que beneficiariam o ecossistema Sovryn e contra propostas prejudiciais. No momento em que escrevo, a Sovryn acaba de começar sua negociação de tokens e pretende lançar várias pontes e novos recursos. Será interessante ver o desenvolvimento do projeto.

Entrevistei o fundador Edan Yago, onde ele explora a maioria desses tópicos - ouça em https://anita.link/105

11.1.1.3 Thorchain

Semelhante ao Sovryn, a Thorchain foi fundada com base na percepção de que os meios centralizados de transferência de propriedade de criptoativos são fundamentalmente falhos. Nascida em 2018, a Thorchain foi criada para substituir as trocas centralizadas (CEX) e, em vez disso, facilita a troca de criptografia descentralizada de cadeia cruzada (DEX). Thorchain se conecta entre diferentes cadeias por meio de sua própria ponte de cadeia cruzada, tematicamente chamada de Protocolo Bifröst. O Bifröst permite trocas de tokens nativos em diferentes cadeias, o que significa que não há necessidade de versões sintéticas ou encapsuladas de tokens. Crucialmente, a Thorchain não é custodial e é 100% descentralizada.

Thorchain opera basicamente da mesma forma que outras DEXs, como Sovryn; ele utiliza um modelo de criador de mercado automatizado (AMM) para processar e manter as trocas. No entanto, o Thorchain não roda em outro blockchain, como o Sovryn roda no RSK, por exemplo. Thorchain é, em vez disso, seu próprio blockchain independente que foi construído usando o Cosmos SDK. Isso permitiu que Thorchain forçasse seu próprio token RUNE como o ativo de troca base, o que significa que cada par de troca é um par RUNE-x. Portanto, os usuários podem trocar, por exemplo, BTC por ETH por meio da função intermediária do token RUNE. Na verdade, isso funcionaria como uma troca de BTC por RUNE, depois uma troca de RUNE por ETH. Isso permitiu que a utilidade do token RUNE comandasse o valor: RUNE pode ser usado para fornecer liquidez aos pools de AMM em troca de uma parcela das taxas e pode ser negociado e especulado através do mercado aberto.

11.1.1.4 Babelfish Money

Dentro das criptomoedas, existem muitos tokens atrelados que são amplamente referidos como 'stablecoins'. Estes são muito populares e são comumente usados para armazenar, transferir e usar riqueza com volatilidade mínima de curto prazo. Existem muitas stablecoins atreladas ao dólar americano, como Tether (USDT), US Dollar Coin (USDC), Binance USD (BUSD) e DAI, todos projetados para manter um valor de US\$ 1,00 por token. Embora essas stablecoins formem um elemento muito útil do ecossistema de criptomoedas, ter diferentes stablecoins em diferentes redes resultou em barreiras à liquidez fluida nas plataformas.

Nomeado após o dispositivo de tradução em 'O Guia do Mochileiro das Galáxias' de Douglas Adams, o Babelfish pretende atuar como um agregador de cadeia cruzada para todas as stablecoins. A visão é que qualquer pessoa poderá usar o Babelfish para converter qualquer stablecoin em outra, tudo apoiado pelo Bitcoin.

O processo seguirá as mesmas etapas da emissão clássica de token fiat-stablecoin: um usuário enviará um tipo de stablecoin e o protocolo cunhará stablecoins conversíveis (XUSD) para o usuário. O protocolo investe as stablecoins originais nas plataformas DeFi para obter um rendimento, que financiará a governança e um pool de seguros de camada 2 de bitcoin; o rendimento será reinvestido semanalmente em um pool de bitcoin de propriedade da comunidade - o ativo final para o seguro.

A governança do protocolo é controlada pela comunidade. Toda vez que alguém usa o protocolo e recebe XUSD cunhado, também recebe tokens FISH. FISH é o token de governança ao qual é atribuído o poder de voto. Portanto, os usuários podem votar na direção do protocolo usando esses tokens FISH.

A Babelfish lançará sua venda inicial de tokens na plataforma Origin da Sovryn - uma plataforma de lançamento descentralizada governada pela Sovryn Bitocracia.

11.1.1.5 Money on Chain

Money on Chain (MoC) é um protocolo DeFi que contém quatro tokens significativos dentro dele. A ideia é fornecer mais opções aos Bitcoiners, para melhorar o desempenho do bitcoin e os casos de uso, permitindo o controle total de suas chaves privadas. O Money on Chain também opera na rede RSK, mantendo seu foco no Bitcoin.

O primeiro token que o MoC oferece é o Dollar on Chain (DoC). Este é o primeiro token 100% garantido por bitcoin, atrelado 1:1 ao dólar americano.

Em seguida está o BPRO, um token que retorna renda passiva por meio do compartilhamento distribuído de lucros agrupados e outros meios. Os detentores de BPRO podem se beneficiar de alavancagem longa gratuita, cortesia dos detentores de tokens DoC. Os detentores de BPRO também ganham com a mineração de liquidez e uma parcela das taxas geradas pelo protocolo MoC. Essencialmente, manter o BPRO é como manter o bitcoin, com uma leve alavancagem longa, enquanto obtém renda passiva do seu bitcoin.

O terceiro token oferecido pelo MoC é um instrumento BTC/USD chamado BTCx. O BTCx é essencialmente uma Representação tokenizada de uma posição longa alavancada em bitcoin. Esses tokens são cunhados quando um usuário envia BTC para o contrato inteligente e têm um custo de taxa de juros variável (que é fixado na criação do contrato). Os pagamentos de juros vão para os titulares de ฿PRO.

Por fim, o protocolo MoC também inclui um token de governança, convenientemente chamado de Money on Chain token (MOC). Isso permite que os detentores de MOC apostem em troca de poder de voto/veto e recompensas de staking, tanto de taxas pagas na plataforma quanto de mineração de liquidez. Os usuários têm direito a um desconto nas taxas da plataforma quando pagam usando o token MOC.

Para concluir, o Money on Chain é um ecossistema Bitcoin independente, na RSK, que procura fornecer vários casos de uso descentralizados e sem custódia especificamente para Bitcoiners.

11.1.1.6 Liquid Network

A Liquid Network é uma rede federada de liquidação baseada em sidechain para indivíduos e exchanges, permitindo transações Bitcoin mais rápidas e confidenciais e a emissão de ativos digitais. É um blockchain separado que estende as funcionalidades do bitcoin com tecnologias em camadas. A Liquid não usa prova de trabalho, os blocos são assinados por minuto por 15 funcionários. Ele aumenta a privacidade por meio de transações e ativos confidenciais, onde a quantidade e o tipo do ativo que está sendo enviado é ocultado, enquanto ainda é garantido criptograficamente que não podem ser gastas mais moedas do que as disponíveis.

Há uma variedade de casos de uso para o Liquid:

- transações rápidas entre exchanges
- os indivíduos podem usar o L-BTC através das carteiras Blockstream Green, Aqua, Elements ou Sideswap
- A troca ponto a ponto HodlHodl usa L-BTC para seu serviço de empréstimo
- a exchange descentralizada Bisq integrará o L-BTC como sua camada base
- qualquer pessoa pode emitir novos ativos, incluindo stablecoins como Tether USDt (já suportado pela Liquid) e tokens de segurança, que podem ser negociados livremente dentro da rede

Liquid mostra que você pode fazer qualquer coisa com Bitcoin. Você não precisa de um novo blockchain ou um novo token. A moeda nativa do Liquid é o L-BTC, onde você bloqueia seu bitcoin e recebe a mesma quantidade de L-BTC por ele. Portanto, haverá apenas 21 milhões de L-BTC de todos os tempos. As transações líquidas são mais baratas, mais rápidas e mais privadas do que as transações de bitcoin. Embora seja um sidechain federado, as transações não podem ser censuradas. Os funcionários são caixas pretas, que só podem ser desligadas pelos operadores. A desvantagem é que as transações de peg-out do Bitcoin devem ser feitas por meio de um membro da Liquid.

11.1.1.7 RGB

RGB é um sistema de contrato inteligente, trabalhando na camada 2 e 3 em cima do Bitcoin e da Lightning Network. Ele é projetado com confidencialidade e escalabilidade em mente.

Os possíveis casos de uso são:

- Emitir ativos fungíveis digitais, como ações, títulos e outras formas de títulos
- Crie diferentes formas de colecionáveis (ativos não fungíveis)
- Criar e gerenciar identidades soberanas/descentralizadas
- Projete e execute outras formas de contratos inteligentes de complexidade arbitrária

Por suas habilidades, os contratos inteligentes RGB vão além do que é possível com sistemas de contratos inteligentes semelhantes ao Ethereum, fornecendo uma abordagem mais em camadas, escalável, privada e segura, onde a propriedade do estado do contrato inteligente é separada da criação do contrato inteligente.

11.2 NFT

A outra categoria que acho extremamente interessante são os NFTs, ou tokens não fungíveis. Esses são tokens que, em vez de representar unidades de moeda, representam objetos, itens ou propriedades únicos na forma que é distinguível um do outro e, portanto, não fungível. Então, vamos pensar em uma obra de arte que é representada por um documento de escrituras. Esse documento pode ser um token digital que pode ser negociado como bitcoin, ou a escritura de sua casa, ou seu carro, ou qualquer outro item físico ou terreno específico. É basicamente pegar coisas que existem no mundo real ou pegar propriedade intelectual digital - como uma música ou uma marca - e tokenizá-la para que se torne algo que possa ser negociado digitalmente. Nós nem arranhamos a superfície nesse domínio até agora.

A primeira plataforma NFT no topo do Bitcoin foi a Counterparty, fundada antes mesmo do Ethereum em 2014. Nos últimos meses, mais plataformas NFT baseadas em Bitcoin estão surgindo. Raretoshi e Azool.art são plataformas NFT baseadas na Liquid Network. Em cartões comerciais Watafan que têm valor coletivo são apoiados por contratos inteligentes Rootstock. Sovryn e RGB estão desenvolvendo plataformas NFT no momento em que escrevemos este livro.

11.3 Governança

Por fim, a terceira categoria que me anima para o futuro é a oportunidade de aplicá-la às áreas de identidade e governança humana. A capacidade de ter identidades humanas tokenizadas, onde você não precisa revelar quem você é, mas pode optar por revelar vários aspectos ao mesmo tempo. Posso provar que tenho um diploma de uma universidade usando um token não fungível sem dizer meu nome. Posso provar que tenho licença para dirigir sem lhe dar todo o meu histórico. Posso provar que sou digno de crédito, ou confiável, vacinado ou qualquer outra característica que você possa imaginar. Esses vários tokens que você pode atribuir a indivíduos permitem que você controle essas coisas, sem a necessidade de um governo ou uma corporação como o Facebook fazer isso. Em seguida, você pode pegar esses tokens e usá-los para fins de governança. A capacidade de votar na associação de meus proprietários, na minha associação de pais e professores, no meu município e até votar nas Nações Unidas como um dos 7 e 1/2 bilhões de cidadãos deste planeta com um token de votação digital. A mudança radical em direção à democracia direta é possível com essas tecnologias.

Estas são coisas sobre as quais estamos falando daqui a 10, 15, 20, 25 anos no futuro. Mas se você entende como essa tecnologia funciona e vê as sementes que estamos plantando hoje, você pode vê-las como desenvolvimentos naturais que surgem dessa tecnologia.

Glossário

Efeito Cantillon

O economista francês Richard Cantillon sugeriu que a inflação ocorre gradualmente e que a nova oferta de moeda tem um efeito localizado sobre a inflação, originando efetivamente o conceito de moeda não neutra. Além disso, ele postulou que os destinatários originais do dinheiro novo desfrutam de padrões de vida mais altos às custas dos destinatários posteriores.[84]

Banco Central

Um banco central, banco de reserva ou autoridade monetária é uma instituição que administra a moeda e a política monetária de um estado ou união monetária formal e supervisiona seu sistema bancário comercial.[85]

Moeda

Uma moeda é um sistema de dinheiro de uso comum definido pelos governos. Muitas jurisdições definem sua moeda nacional como moeda legal, é dinheiro declarado por lei como válido para o pagamento de dívidas e não pode ser recusado como pagamento.

Dinheiro Fiduciário

Uma moeda (um meio de troca) estabelecida como dinheiro, muitas vezes por regulamentação governamental. A moeda fiduciária não tem valor intrínseco e não tem valor de uso (utilidade inerente, como uma pele de vaca ou de castor pode ter). Tem valor apenas porque um governo mantém seu valor, ou porque as partes envolvidas na troca concordam com seu valor.[86]

Todas as moedas dos estados-nação são moedas fiduciárias. Desde 1971, as moedas fiduciárias não são apoiadas por ouro. A palavra "fiat" é latina e significa "faça-se".

Banco de reserva fracionária

O sistema bancário de reservas fracionárias, praticado por bancos comerciais em todo o mundo, envolve bancos que aceitam depósitos de clientes e concedem empréstimos a tomadores, mantendo em reserva um valor igual a apenas uma fração dos passivos de depósito do banco. As reservas bancárias são mantidas como dinheiro no banco ou como saldos na conta do banco em um banco central. O banco central do país determina o valor mínimo que os bancos devem manter em ativos líquidos, chamado de "requisito de reserva" ou "rácio de reserva". Esta taxa varia de país para país. Em março de 2020, o FED aboliu essa exigência de reserva mínima devido à pandemia. Canadá, Reino Unido, Nova Zelândia, Austrália, Suécia e Hong Kong não têm requisitos de reserva.

Nó completo

Um nó completo é um programa de software que valida totalmente transações e blocos. Você pode executar um nó completo em seu computador doméstico ou em um Rasperry Pi. Quase todos os nós completos ajudam a rede aceitando transações e blocos de outros nós completos, validando essas transações e blocos e, em seguida, retransmitindo-os para outros nós completos. Eles são uma parte da rede peer-to-peer.

Hasher

Um dispositivo de computador especializado, chamado ASIC, usado apenas para mineração de Bitcoin.

Fundo Monetário Internacional

O FMI é uma instituição financeira internacional, com sede em Washington, D.C., composta por 190 países que trabalham para promover a cooperação monetária global, garantir a estabilidade financeira, facilitar o comércio internacional, promover o alto emprego e o crescimento econômico sustentável e reduzir a pobreza em todo o mundo, dependendo periodicamente ao Banco Mundial por seus recursos. Formado em julho de 1944, na Conferência de Bretton Woods principalmente pelas ideias de Harry Dexter White e John Maynard Keynes, entrou em existência formal em 1945 com 29 países membros e o objetivo de reconstruir o sistema monetário internacional. Atualmente, desempenha um papel central na gestão das dificuldades do balanço de pagamentos e das crises financeiras internacionais. Os países contribuem com fundos para um pool por meio de um sistema de cotas, do qual os países com problemas de balanço de pagamentos podem tomar dinheiro emprestado. [87]

Credor de último recurso

Um credor de último recurso (LOLR) é a instituição em um sistema financeiro que atua como provedor de liquidez para uma instituição financeira que se encontra incapaz de obter liquidez suficiente no mercado de empréstimos interbancários e outras facilidades ou fontes foram esgotadas. É, com efeito, uma garantia governamental de liquidez às instituições financeiras. [88]

Base Monetária M0

A base monetária (M0) é o montante total de uma moeda em papel e moeda física que está em circulação nas mãos do público ou na forma de depósitos de bancos comerciais mantidos nas reservas do banco central. [89]

Estoque monetário M1

M1 é uma medida estreita da oferta monetária que inclui moeda física, depósitos à vista, cheques de viagem e outros depósitos à vista. M1 não inclui ativos financeiros, como contas de poupança e títulos. [90]

Estoque monetário M2

M2 é uma medida da oferta monetária que inclui dinheiro, depósitos à vista e dinheiro facilmente conversível como depósitos de poupança, títulos do mercado monetário e fundos mútuos. Esses ativos são menos líquidos que o M1 e não são tão adequados quanto os meios de troca, mas podem ser rapidamente convertidos em dinheiro ou depósitos à vista. O M2 é observado de perto como um indicador da oferta monetária e da inflação futura e como um alvo da política monetária do banco central. [91]

Panóptico

O panóptico é um tipo de construção institucional e um sistema de controle projetado pelo filósofo e teórico social inglês Jeremy Bentham no século XVIII. O conceito do projeto é permitir que todos os presos de uma instituição sejam observados por um único segurança, sem que os internos possam dizer se estão sendo vigiados. [92]

Rede ponto a ponto

Um sistema de participantes equipotentes e igualmente privilegiados, sem hierarquia na rede. A rede peer-to-peer Bitcoin é um sistema descentralizado de computadores que executam o software Bitcoin que está validando e distribuindo transações.

Rehipotecação

A rehipotecação é uma prática pela qual bancos e corretoras utilizam, para seus próprios fins, ativos que foram dados em garantia por seus clientes.

Semente Seed

12-24 palavras que na maioria das carteiras disponíveis no mercado (carteiras HD), produzem todas as chaves privadas/públicas que controlarão seus fundos no blockchain. Qualquer pessoa com a semente tem o controle sobre essas chaves e, portanto, sobre os fundos nos endereços associados.

Capitalismo de vigilância

Termo cunhado por Shoshana Zuboff. Ele descreve a mercantilização sistemática de dados pessoais por empresas monopolistas centralizadas com o objetivo principal de obter lucro.

Carteira

Software ou hardware que contém todos os seus endereços bitcoin e chaves privadas. Use-o para enviar, receber e armazenar seu bitcoin.

Notas

84 Efeito Cantillon na Wikipedia https://en.wikipedia.org/wiki/Richard_Cantillon

85 Banco central na Wikipedia https://en.wikipedia.org/wiki/Central_bank

86 Dinheiro fiduciário na Wikipedia https://en.wikipedia.org/wiki/Fiat_money

87 FMI na Wikipedia https://en.wikipedia.org/wiki/International_Monetary_Fund

88 Credor de último recurso na Wikipedia https://en.wikipedia.org/wiki/Lender_of_last_-resort

89 Base Monetária https://www.investopedia.com/terms/m/monetarybase.asp

90 M1 Money https://www.investopedia.com/terms/m/m1.asp

91 M2 Money https://www.investopedia.com/terms/m/m2.asp

92 Panopticon na Wikipedia https://en.wikipedia.org/wiki/Panopticon

Aviso de Isenção de responsabilidade

O conteúdo deste livro não constitui aconselhamento financeiro, fiscal ou jurídico, mas apenas para fins informativos. A informação destina-se a informar um conjunto de melhores práticas. Ele pode não abordar os riscos específicos da sua situação e, se isso não acontecer, você deve modificá-lo adequadamente. Embora essas informações possam informar as práticas recomendadas, não há garantia de que seguir esse conselho garantirá suficientemente a segurança de seus ativos digitais. Além disso, essas informações são apenas uma janela sobre as melhores práticas em um momento específico. Esteja ciente de que os ecossistemas Bitcoin e blockchain podem ter evoluído e as avaliações de risco de produtos específicos podem ter mudado desde a publicação deste livro. Em outras palavras: seja cauteloso, tenha cuidado e esteja ciente do cenário atual de Bitcoin e blockchain antes de usar essas informações.

Autor

Anita Posch é uma defensora do Bitcoin, autora, empreendedora solo e apresentadora do programa Anita Posch. Ela é a fundadora do Bitcoin for Fairness - uma iniciativa educacional sem fins lucrativos. https://bffbtc.org

O objetivo de Anita é levar o Bitcoin a bilhões por meio de seu trabalho educacional. Ela desenvolveu um podcast Bitcoin, um canal no YouTube e escreveu o livro (L)earn Bitcoin. Ela também entrevistou pessoas de todo o mundo, incluindo alguns de países emergentes como Nigéria, África do Sul, Venezuela e Afeganistão sobre os efeitos do Bitcoin na liberdade das pessoas.

No início de 2020, ela foi a primeira Bitcoiner a visitar o Zimbábue para pesquisar a situação monetária do país, bem como a taxa de adoção do Bitcoin e relatar os resultados em seu podcast. O objetivo era, por meio de entrevistas, construir uma ponte entre pessoas que vivem sob democracias imperfeitas ou regimes autoritários para o resto do mundo e mostrar como o Bitcoin poderia melhorar suas condições de vida e liberdade financeira.

Bitcoin é dinheiro do povo, para o povo. Suas regras matemáticas não podem ser corrompidas - nem por governos nem por bilionários. Isso garante um nível de justiça que não pode ser alcançado em sistemas tradicionais conduzidos por humanos. Dá a indivíduos desprivilegiados, como pessoas de nações em desenvolvimento, mulheres e grupos minoritários oprimidos, a chance de participar globalmente de maneira livre e privada uns com os outros. Essa liberdade de trocar valor, liberando a criatividade e a inovação das pessoas, é o que move Anita Posch.

> "O Bitcoin pode ser nossa única ferramenta para garantir o direito humano à privacidade e à liberdade de transação. É um meio de liberação para bilhões de pessoas e um mecanismo de defesa da privacidade em nossas vidas cada vez mais digitais." – **Anita Posch**

Antes de iniciar seu trabalho educacional em Bitcoin em 2017, Anita ganhou mais de 20 anos de experiência em desenvolvimento web, comércio eletrônico e negócios online. Desiludida com a natureza centralizada da internet, consumismo e capitalismo de vigilância, ela passou 2016 em Berlim com a missão de fazer uma mudança.

No início de 2017, ela participou de uma palestra sobre Bitcoin e tecnologia blockchain aberta e o impacto positivo que isso poderia ter na sociedade. Ela percebeu que uma tecnologia sem permissão, à prova de inflação e um dinheiro global da internet poderia libertar bilhões de pessoas, desprivilegiadas pela atual dinâmica do poder financeiro. Bitcoin é dinheiro imparável que pode ser usado por qualquer pessoa, independentemente de quem seja. É neutro, não controlado por nenhuma empresa ou governo, sendo ao mesmo tempo um protocolo de internet, trilhos financeiros que são construídos para um bem comum.

Anita traduziu dois volumes de "A Internet do Dinheiro" de Andreas M. Antonopoulos para o alemão. Suas pesquisas e atividades em torno do Bitcoin são discutidas na mídia de todo o mundo: Bitcoin Magazine, CoinDesk, What Bitcoin Did, Bayern2, Deutschlandfunk, Radio FM4 e ARD television, entre outros.

Anita Posch tuíta regularmente em https://twitter.com/anitaposch.

Você pode encontrar mais sobre Anita em seu site em https://anitaposch.com, o programa Anita Posch em https://anita.link/show, o canal de Anita no YouTube em https://www.youtube.com/anitaposch e informações sobre este livro em https://learnbitcoin.link.

Créditos

Também gostaria de agradecer às seguintes pessoas por emprestarem seu tempo e experiência: Exiledsurfer, Jameson Lopp, Nic Carter, Andreas M. Antonopoulos, Caitlin Long, Maya Zehavi, Lyn Alden, Alena Vranova, Thomas Voegtlin, Max Hillebrand, Hass McCook, Ryan Gentry, embarrassedOK, Erik24020105, Chris Chester, Johannes Grill, Daniel Pichler, Stephanie Jagl-Posch.

Contribuições

Sou uma empreededora independente, não tenho funcionários, nem assistente, às vezes contrato freelancers para me ajudar. Se você quiser apoiar meu trabalho trazendo educação sobre Bitcoin para o maior número de pessoas possível, você pode contribuir em https://anita.link/donate.

www.ingramcontent.com/pod-product-compliance
Lightning Source LLC
LaVergne TN
LVHW010337200726
843507LV00010B/1530